「美人」へのレッスン

齋藤 薫

講談社＋α文庫

「美人」へのレッスン◉目次

STEP 1 「美人」とは、そもそも一体誰なのか

STEP 2 女が突然キレイになる時

STEP 3 キレイになる人、なれない人

STEP 4 「美しさ」は人生をこう変える

STEP 5　幸せを呼ぶ美容法

「美人」へのレッスン

STEP 1

「美人」とは、そもそも一体誰なのか

1 私が会った、息をのむ美人

息をのむいい男を見かけて、その姿が頭から離れないなんてことは、ありそうでいて、あまりない。ところが、息をのんだ相手が女性だと、これがなかなか脳裏から離れない。何年間も覚えていたりする。

私だって、古くは二十年も前に見た〝息をのむ美人〟の姿を、こわいけれど今もハッキリ覚えている。丸ノ内線の電車の中で見かけたその人は、肩につくかつかないかぐらいのボブを軽く内巻きにし、透明な色白の肌をしていた。長身でスカートはヒザ丈、上品な中ヒールをはいていた。少しも派手ではないのにものすごく目立っていた。まだ〝大人のオシャレ〟はこれからという年頃だった私は、そうか、目指すはアレなんだと心に誓ったのを覚えている。

〝あら、キレイな人〟くらいなら、しょっちゅう出会うが、忘れてしまう。二十年も忘れないクラスになると、せいぜい一年に一人、いや、数年出くわさない時期もある。従って、私にとっての〝息をのむ美人〟は、その最初の人から数えて、二十年間にざっと十人……。

銀座にあるホテルのラウンジ。人と待ち合わせをしていたから、その入り口に人が立つたびになんとなく視線を向けていた私は、ある瞬間ビクッとした。ブルーグリーンのソフトスーツとともに目に飛びこんできたのは、いわゆる目の覚めるような美人。今まさに美容室から出てきたみたいにキレイにブロウされた髪も目をひいたが、何年も日を浴びていないような抜けるように白い肌。『世の中にはキレイな人がいるものなんだ』と、息をのむ時に決まって頭の中をよぎるフレーズが、今度もまた、すーっとよぎっていく。

その人は、風のように私の前を通りすぎ、すぐ後ろの席に、「お待たせしました」と腰かけた。先ほどから、私同様、〝人待ち顔〟だったのは、白髪混じりの派手めな紳士。ピンときた。その絶世の美女は、いわゆる〝銀座におつとめ〟の女性で、その待ち合わせは世に言う〝同伴出勤〟に違いなかった。

私は以前に、知人の男性から「社会見学しよう」と言われ、銀座の超高級クラブに連れていってもらったのを思い出す。思ったよりも明るめの店内は、意外に清潔な雰囲気だったが、もっとはるかに思いがけなかったのは、その店の女性たちの美しさだった。それまでの人生で、そこまで息をのみ続ける経験はなかったと思う。何しろ、〝息のみ〟クラスの美女が、そこで束になっていた上に、なんとまあ驚いたことに、彼女たちは目を疑うほどの〝清潔感〟に満ちていたのだから。

〝ママ〟と呼ばれる女性が、自分の席に座った時は、本当に呼吸困難におちいった。三十代後半か、もっと上。でもこういう女性はだいたい年より上に見えるから、三十代そこそこなのかもしれない。〝きもの〟がまるで博多人形のようにつるんと着られ、肌は博多人形以上にキメ細かく、そして透明だった。

そこまでキレイな肌を見たのはもちろんはじめてで、人間の肌がそこまで〝清潔〟なものだということも生まれてはじめて知ったのだった。その美しさは、〝女優さん〟などよりははるかに非現実的であったし、きもののそでをさり気なくつまんでお酒の世話をする、流れるような身のこなしは、ほとんど感動的であった。

『世の中にはキレイな人がいるものなんだ』

私はこの晩、その店を出る瞬間まで、ずっとそうつぶやきつづけていたように思う。

その時、突然気づいてしまう。私が過去二十年の間に見た〝息をのむ美人〟十人……その半数以上が、いわゆるクラブのホステスだったかもしれないことに。そうそう、あの〝正体不明〟の丸ノ内線の美人だって、それ以外の街で見かけた息のみ美人だって、ひょっとしたら同じホステスという職種の女性だったかもしれない。いや、きっとそうに違いない。

イメージの中の〝クラブ・ホステス〟は、もちろん美しいことはわかっていたが、それはあくまで男用の美しさで、相手が女だとほとんど効力をもたないはずと勝手に思いこんでいた。しかしそれは結局、女たちの希望的観測にすぎない。彼女たちも、キレイであることがひとつの義務で、それを全うする責任感は、ＯＬが一応の義務感で品行方正であろうとする百倍もすごい。お金を稼ぐ美しさはやはり並大抵なものではなく、人によっては、この世のものとも思えない美しさになってしまうのだ。

ホテルのラウンジで後ろにいた〝同伴カップル〟は、こんな話をしていた。

「相変わらずキレイだね」

「ありがと」

私はちょっとドキドキした。彼女は昼間の何時間かをかけて、キレイをこの世のものではないほどに磨きあげ、「キレイだね」と言われるその瞬間を待っていたのだ。

来た来た……と思っても、返事はあくまで素っ気ない。そう言われることが、職務遂行の証なのだから、素っ気なくて当たりまえ。これを毎日何度も言われているから、彼女はさらにキレイになる。まあ、それにしてもそのそよ風のような透明な美しさは何なのか？　……と私は、さらに想像を逞《たくま》しくした。

この道に足を踏みこんだ時、彼女はひょっとして、一般の女性が考えるように、「夜のお仕事はでっきるだけ派手でなきゃあ」と、ただひたすら飾りたて、いわゆる〝男用の〟〝夜用の〟美しさだけを身につけていたかもしれない。でも、意外なことに受けが良くない。まだ、〝しゃべり〟じゃ半人前、ともかく私の存在価値は、毎日「キレイだね」と言われること。それで必死に「キレイだね」と言われる術をさがしたら思いがけなく〝透明で清潔な美しさ〟にたどり着いてしまったのではなかったか。

一流のホステスの誇りにかけて、今度はどんどん透明になるように努力する。すると、見とれてくれなくてもいい私のような同性からも見とれられてしまう。もう面白くてたまらない……彼女には、そんなふうに、自分の美しさをもてあそんでいるようなゆとりすら感じられた。

こういう女性には、ぜったい勝てない。体をはった入魂の美しさには、たとえそれが商売用であろうと、オーラはしっかり宿るのである。昼間の職業で、あわよくば「カワイイ」なんて言われちゃおうと思っているようなレベルの女には、勝てる道理がないのである。

七十代の〝強烈な気品〟

さて、あと数名残っている私にとっての〝息をのむ美人〟は誰であったかを言うと、じつはすべて、〝老婦人〟と言っていいお年の女性だった。

〝昔はさぞかしお美しかっただろうに……〟という表現があるけれど、彼女たちにそれは当てはまらない。今が、ものすごいのである。

その中のひとりは、あるレストランで斜め向かいに座っていた。私は自分のオーダーがいつまでたっても決まらないほどに、その人に気をとられていた。

黒のスーツに、千鳥格子のスカーフ、白髪の髪は一糸乱れぬ正確さでアップヘアにされ、耳にはパールのイヤリング。でも、こうやって活字にしてしまうと、八十歳近いかもしれない婦人のスタイルにしては、地味すぎると思うだろう。なのに、その人はパアッと花が咲いたように、派手なのだった。

強烈な気品……彼女を派手に見せているのは、これではないかと私は気づく。女が〝お上品ぶれる〟のなんて、せいぜい四十代か五十代まで。六十代を過ぎたら、疲れちゃって、上品ぶりっこなんてつづくもんじゃないと思う。それが、七十すぎてもここまで〝気品〟の固まりでいられるのは、体のすみずみまで、細胞のひとつひとつまでが、上品なのに違いない。そして、ここまで気品を積みあげてくると、人はどんどん透き通っていくものらしい。正しく生きている女性は、歳とともに〝煩悩〟を取りのぞき、精神はどんどん清潔になっていく。

しかしふつうは、肉体のほうからは〝若さ〟という〝清潔感〟がどんどん逃げていき、見た目には清潔とは程遠いものとなってしまう。ところが、生まれも育ちも、そして生き方も、実際の生活も気品に満ちていた女性は、一生をかけて守り抜いた気品を、まるで〝大作完成〟のように、年老いてから絶世のものにする。〝気品〟とか〝品格〟が服を着て歩いているような強烈さで、人を圧倒するのだ。そうした気品の大作が、地味なわけがない。派手であって当然だ。

そういう女性が、まれにいる。そして、そういう女性が存在することを知っただけで、女はたぶん感動できてしまうのである。

一流クラブのホステスと老婦人。彼女たち合計十人の共通点は一体何であったのか？それは〝あまりにも意外な清潔感〟。これ以外にはない。ふつうに考えたら、色香《いろか》で勝負する女や、年老いた女は、清潔感など持ち得ない。そこを、あそこまでのレベルで持ち得てしまうことの意外性。そこに私たち女は、息をのみ、打ちのめされるのである。

でも、彼女たちは同時に、とてつもない勇気をも与えてくれている。清潔感とは、イザとなれば作れるもの。たとえ、お仕事を夜に替えても、また嫌になるほど齢をとっても、本気になれば一生でも守り抜けるものであることを、ちゃあんと教えてくれている。

2 〃絶世の美女〃の条件が変わる時

あのダイアナ元妃が、壮絶な事故死を遂《と》げてから、もうずい分たつけれど、誰も予期しなかった、あまりにも悲劇的な、そしてあまりにもあっけない死だったこともあって、この人は死亡数日後にはもう、前例のない速さで「伝説の人」になっていった。

特に〃美しい女性〃について語る時、ダイアナ元妃は、すでに決して忘れてはいけない「最重要サンプル」となりつつある。

もしも彼女が亡くならずに、例の大富豪と結婚していたら、ひょっとして「伝説」に値するような人生にはならなかったかもしれない。そして〃女性史〃に残るような〃美しい女性〃でありつづけはしなかったかもしれない。でも、ともかく彼女の〃美しさ〃は、容姿も中身もすべてひっくるめて、すでに〃完結〃してしまった。だから、二十世紀最大の人気を誇った〃美しい女性〃として、彼女のどこがどんなふうに美しかったのかを、今ここでハッキリと検証しなければならないと思ったのである。

さまざまな人物が「ダイアナとはこういう人だった」とコメントする中で、痛烈な皮肉にも聞こえてドキリとしたのが、あの大統領夫人、ヒラリーさんの語った言葉だった。

「プリンセス・ダイアナは、ただ最先端のファッションに身を包んでいるだけの人ではなかった」

確かに死の直前まで、日本に送られてくる映像は〝ダイアナ・ファッション〟ばかりで、そこに例のパパラッチの撮った「スキャンダル写真」が時々組み込まれるといった具合。それを見る限りでは、なるほど「最先端のファッションに身を包むことが、プリンセスの仕事」で、オシャレをしていない時間は、だいたいが〝バカンス〟で、さもなければ昔の貴族みたいに恋愛ばっかりしているように見えてしまう。

少なくともそういう偏《かたよ》った報道がされてきた日本では、そんな姿だけを見て「ダイアナ妃ってステキ！」と思った人のほうが多かったろう。しかし、そういうタブーとも思えるようなことを、わざわざ白日のもとにさらしてまで、ヒラリー夫人が言いたかったのは何だったのか？

ヒラリー夫人は、こう続けた。

「彼女は、数多くの慈善運動に関わり、貧しく弱い人々の味方でもあった人なのです」と。

そう、それは一見〝両極〟に思えるふたつのことが、彼女の中でひとつになっているからこそ、ダイアナはすばらしかったのであって、もしも、ファッションと美貌だけを見て彼女をすばらしいと思っているのなら、それ自体がとても愚かなことよ……という、ダイアナに熱狂する一般大衆に向けての皮肉であったような気がする。

じつは私自身、ダイアナ元妃をその日まで、それほど美しい女性とは思っていなかった。もちろん美人は美人なのだろうが、感動するほどの美しさを感じたことはない。王室の人にしては華やかで今っぽい美しさだなという、あくまでも冷静な見方。それが、亡くなった日を境に「やっぱりこれほど美しい女性はいなかった」というふうに突如見方が変わったのは、短絡すぎて自分でも恥ずかしいけれども、〝緊急特番〟などで、なぜか突然大量に放出された〝慈善的な活動をするダイアナ元妃の姿〟を見せられたためだった。

〝見る目が変わる〟とは、おそろしく明快なことのようで、以前に見たことのある同じ笑顔も、〝オシャレがうまいだけではないダイアナ元妃〟を知った瞬間から、いかなる笑顔も、天使か女神かマリア様かの微笑《ほほえ》みのように見えるようになったのである。

というよりも、この人の美しさは、ある時を境にハッキリと意味が変わったと言ったほうが正しいのかもしれない。その当時は気づかなかったが、事故後の報道で結婚から現在までの姿をたてつづけに見せられた時、その変化にハッキリと気がついた。

結婚当初は、文字どおりシンデレラみたいな、わかりやすい美しさだったが、やがて夫の不倫に悩み始める頃からその美しさに歪《ゆが》みが現れてきて、今から思えば艶やかに着飾れば着飾るほど、その美しさは〝単にオシャレが上手なプリンセス〟を印象づけるばかりだった。

しかしその後、夫婦の不仲が決定的になったあたりだろうか、その時こそ美しさの意味がハッキリ変わる瞬間なのだが、たぶんそこでこの人は、決意をしたのだ。自分の生きる道は、〝夫に愛される、幸せで高貴なプリンセス〟ではなく、〝民衆に愛される、心のプリンセス〟になることであると。だからその時からの映像にうつる笑顔のことごとくが、まさに感動的であるほど美しく見えたのである。

ある大学教授も、

「ダイアナさんは、〝ある時〟から、ジャンヌ・ダルクになろうとしていたのではないか？」

と言っていたが、実際そうだったのだろう。この人の言う〝ある時〟こそ、美しさの意味が変わった〝時〟。美貌のプリンセスが、ジャンヌ・ダルクになった時、その美貌は「感動」と、そして「伝説」にも値する、とてつもないレベルに達したのである。

ひとりの女性が、ここまで短期間に、ここまで明白に〝美しさの意味〟を変えた例は、たぶん他にないだろう。この人から私たちが学ぶべきものは、〝心〟が〝形〟を変化させるということである。というよりも、〝心〟が変わると、人の見る目がまったく変わり、〝形〟まで違って見えると言うべきかもしれない。

その人の中に奥行きとかやさしさとか、慈悲深い心を見た時から、同じ容姿が違って見える……そんなふうに、じつは〝形〟は絶対のものではなく、むしろとてもうつろいやすいものなのだ。その人が〝何をするか〟で形はいくらでも違って見えてしまうのだから。

特に、このダイアナ元妃のように、若くして〝他人への愛〟すなわち〝慈悲深い心〟をもってしまった時の、形の変化は大きい。一般人には、いくらなんでもこの若さで、ここまでの境地に至る人は少ない。まして、ブランドものの最新ファッションに身を包みながら、地雷で足を失った子供を抱きかかえることなどできるわけもないのだから。

そういう意味でも、ダイアナ元妃は、いくつかの偶然が重なり、何よりも美しさのピークで命を絶たれるという悲惨な偶然も加わって、まったくもって類《たぐい》まれな美しさを、歴史にまで残すことになってしまった。

マリリン・モンローがいかに美しくして神秘的な存在のまま亡くなっても、またモナコのグレース公妃が、いかに高貴な存在のまま悲劇的な死を遂げても、このダイアナ元妃には遠く及ばないだろう。

そう考えると、以前は〝形の美しさ〟だけでも充分に〝絶世の美女〟と呼ばれたけれども、これからの時代、つまり〝ダイアナ元妃の死〟以降、そこに〝慈悲深いほどの心の温かさ〟がないと、もう〝絶世の美女〟とは、ほめ讃えられないのかもしれない。

死して〝絶世の美女〟となったダイアナ元妃は、不変と思われた〝美人〟の条件さえも変えて逝ってしまったのである。

3 美人は三日で飽きるけど……

突然だが、「美人は三日で飽きる」と言われてしまうのは、一体なぜなのか？　単純に考えれば、ワー美人！　という最初の感動も日がたてば薄れていって、やがて何も感じなくなるというだけの話なのだが、ここにはケッコウな真実が隠されていると私は思うのだ。

どこから見ても、たぶん真下からのぞいても、ピッカピカの美人である元アイドルのうれしそうな顔……結婚会見かなにかの場面が話題になった時、ある男性がこう言った。

「それにしても、つまんない顔だなあ」

そう、確かにつまらなかった。すまし顔も、はにかみ顔も、そしてレポーターの妙な質問を受けてるけげんな顔も、みんなみんな非の打ちどころのない美しさ。人間なんだから、もうちょっとくずれたっていいじゃないのさという、〝ひがみ〟かもしれないつまらなさを、私たち女も感じたのは確かだった。

美人は、いつどこでどんな時に何してる時も、同じ顔。くずれる兆《きざ》しさえ見せないから、いわゆる〝表情のない顔〟に見えてしまう。言いがかりは言いがかりなのだが、あまりの表情の乏しさは、人をまったく裏切らないから、さすがにこちらも飽きてくる。

〝美人は三日で飽きるが、ブスは三日で慣れる〟というふうに、三日後にブスが逆転勝利を遂げるのは、結局この表情の勝利と考えていいようだ。

「女性の〝何〟を見て美しいと思うのか？」という男性へのアンケート結果の推移が面白い。

十年前は、一位・顔、二位・体全体、三位・胸だったのが、最近のアンケートでは、胸の露出度が高まって、逆に関心がうすれたのか、三位が〝表情〟に取って代わった。

そう言えば、近ごろ人気の女たちは、みんな揃って〝表情美人〟。媚《こ》びない表情、なごみの表情、そして清々しい表情……要するに表情が心地よい、または面白い女が、支持を受けているというわけだが、さらに興味深いのは、決して〝プラスの表情〟だけが受けているのではないこと。

無愛想顔、不機嫌顔、そして生意気顔の女たちも、なぜだか妙にうけがいい。俗に仏頂面《ぶっちょうづら》とか、ふくれっ面と呼ばれる、むかし母親に、「そういう顔してんじゃありません」と小言を言われたあの顔を平気で貫く若手タレントを、「なかなかいかしてるじゃない？」などと思うのが、今の気分らしいのだ。

言ってみれば、ただの美人がなんの裏切りもないキレイな表情をこなすより、こういう時ってニコッとしたほうが得なのにと思う場面で、人を裏切り、醜いふくれっ面ができるほうが、ずっとずっと人の心は動かせる。

しかも、だ。息を飲むような絶世の美女が、ニコリともせずに、無愛想を決めこんでいると、まわりはなんだかハラハラし、悪いこともしてないのに、「ごめんなさい」と謝りたくなってしまう。そして心のどこかで、ずっとそういう〝高飛車〟でいてね……なんて願ってしまう。表情は、正しかろうと正しくなかろうと、人の心を揺さぶったほうが勝ちなのかもしれない。

ただし、これらの〝負の表情〟は、もちろんかなりのリスクを負うことになる。表情の冷たさが、なんらかのオーラを放たないとまずい。そこまでの自信がない人は、やはりプラスの表情で人を惹きつけるほうが安全。でも、ここでふと思い出すのはある若い女性のこんな言葉……。

「わたし、笑顔がつくれないのが悩みなんです。どうしても笑えないんです」

私は、簡単よ、口角を上げればいいのよと励ましたが、彼女はそんなこととうにやってみたけどダメだったと言った。じゃあ、楽しいことやおかしいことを思い出してみるのはどう？

これも愚かな提案で「それって、思い出し笑いになりません？」と返された。

確かにそう。「生き生きした表情が美しさのカギ」なんてよく言うけれど、やってみると難しい。表情とは感じた何かが脳に伝わり筋肉に指令を出して生まれるもの。心が動かぬ限り、筋肉も躍らない。結局は、心が暗いから笑えないのだ。

目に心のある人の勝ち

しかし、その一方でこんな話もある。笑わない女が笑えた時、性格もウソのように明るくなって、結果、人生が百八十度変わる……これは、あるイメージトレーニングの先生が言ったこと。彼の専門はスポーツだが、たとえばゴルフのラウンド中、笑顔をつくるとスコアがいいことに気づいたことから、笑顔が人間のあらゆるエネルギーを高めることに関心をもったという。

彼は当時、離婚を考えていた。彼の妻は、昔から〝笑わない女〟で、若い頃はそこに妖《あや》しい魅力を感じたというものの、相手がほとんど笑わない夫婦生活は、彼からも笑いを奪い、夫婦げんかも起きない代わりに、幸せでもなかった。

しかし、まだ妻への愛情が残っていた彼は〝最後の賭《かけ》〟ともいうべき行動に出た。妻に何年もやめていたゴルフを再開させ、やる気の出てきたところで〝笑顔の効用〟を教えこむ。まともに〝笑え〟と言っても、笑えるものでないことはわかっていたから、いいスイングをするコツとして〝口角をあげること〟を徹底させたのだ。しかし、本来が口角をあげること自体が苦手な妻の口は、への字に広がるだけだった。

そこで彼は、「目で笑ってごらん」と言った。「おまえは笑顔はつくれないけど、根っから悪い人間じゃないから、目は笑うだろう」と。

妻の目が笑っているのは、周囲にはわからなかったが、夫にはちゃんとわかった。そして、目が微笑んだ時のショットは、不思議に球もよく飛び、妻の目はしだいに周囲にもわかるように大きく微笑むようになったという。

その効果は、思った以上に大きかった。妻は歯を見せて大きく笑うことはなかったが、目が笑うと、不思議なことに自然に口角が上がり、思いがけず笑顔がこぼれるようになる。つまり、〝ふだんの顔〟が、冷たい表情から口角がちょっと上がった〝幸せ顔〟に変わったのだった。

その時、心までが百八十度変わったのか、それはわからなかったが、朝「おはよう」を言う時に、こわい顔をした「おはよう」が、幸せ顔の「おはよう」になり、それだけのことなのに〝おつり〟がくるほどうれしかったという。

〝笑顔〟は口角を上げてつくるものじゃなく、目で笑うこと……。何を言うのでも、何をするにも、目がやさしければ、目がうれしそうならば、目が輝いていれば、すべてがうまくいくのだと彼は言った。

これは私にとって、とても意外な、そしてすごい発見だった。〝笑えない女〟のところに、今すぐ行って、これを教えてあげたかった。無理して笑おうとせずに、目で微笑むだけでいいのよと……。

ただし、日本人は世界でもいちばん〝ウインク〟のヘタな人種と言われる。つまり、歴史的に、心の動きに合わせて顔の筋肉を大きく動かす習慣を持っていなかったことの〝ツケ〟が、今になってまわってきたということ。

私は〝笑えない彼女〟に、まずウインクの練習をしなさいと、妙な提案をした。

彼女は一生懸命、ウインクをした。でも、片目をつぶると、口角も一緒につり上がったり、両目をつぶってしまったり。でも、そういう彼女の〝顔のくずれ〟を見たのは、初めてだった。彼女自身も、それがおかしいと、笑った。とても大きく、本当におかしそうに。

「その目よ、その目」、目がものすごく楽しそうに笑ってるよ！　と、私はさらに彼女をのせた。すると彼女の目が恥ずかしそうに笑い、輝いた。

きっと、何かの影響で、彼女の目はいつも緊張していたに違いない。やがて、目のまわりの筋肉もうまく動かなくなったのだろう。その呪縛《じゅばく》が、ウインクという〝派手な表情ランゲージ〟を何回かやっただけで、解けたのだ。目で人に何かを伝える……この訓練が、彼女をいつでもどこでも〝笑顔〟の女にし、そして、今より数倍〝美しい女性〟に導くのだろうと思うと、ワクワクした。

そう、表情のある人は、結局目に心があるのだ。表情がない人は、目が笑ってなかったり、目が怒ってなかったり、ともかく目にウソがあるのだろう。明るい表情であれ、冷たい表情であれ、表情が人の心をとらえるのは、顔ではなく、この目が心を打つからなのである。

「いくら美人でも、目がウソっぽいとぜったいキレイには見えないんだよ、人間は」と、ずい分昔に、誰かが言っていたっけ。まだ若かった私には、その言葉自体がカッコよすぎてなんとなくウソっぽく聞こえたものだが、あれはとんでもない真実だったのだと、いまさらのように納得した。ようやくその意味がわかった気がした。

〝美人は三日で飽きるが、目が語る表情の美しさは一生もの〟なのである。

4 オーラの正体を見た

ダイアナ元妃と同じ時期に天に召された、もうひとりの〝不世出の女性〟について話をしたい。

マザー・テレサ。今世紀を生きた人の中で、もっとも神に近い存在と言われたこの女性もまた〝美しい女性〟について語る上で、どうしてもはずすことができない。それは、〝オーラ〟という、生きている人間が放つ奇跡の光を、この人ほど完全な形で放っていた人はいないからである。

言うまでもないだろうが、マザー・テレサとは、貧しい人や死にかけている人の救済に人生の大半をかけた修道女で、ノーベル平和賞をも受けている偉大な女性。その活動を記録に残そうとした人は少なくなかったはずだが、実際にはドキュメンタリー映画がたった一本残されただけだという。それもマザー・テレサが世話をするのは瀕死の病人がほとんどで、撮影のためのライトも使えないことから、撮影を断念するケースがほとんどだったからだと言われる。

しかしそのドキュメンタリー映画を見ると、マザー・テレサの顔はひとつのライトも当たっていないのに、何かの光がその顔を照らし、その背後にも光が見える。体が発光しているかのように、光が全身を包んでいたのだった。

当の撮影者までが、そのフィルムを見て驚いたというほどだから、ライトを当てていないことも、またマザー・テレサ自身が光を放っていたことも事実だったのだろう。これはまぎれもなくオーラだと、スタッフの全員が思ったという。

オーラとは、カメラにも映るものであることに、私はまずビックリした。しかし、マザー・テレサが非常に強いオーラを放っていることは、少しも驚くに値しない。当然だろうと思う。

私自身、オーラを放っている人を何度か見たことがあるが、そういう場合、どんなに遠く、薄ぼんやりしか見えない距離にいたとしても、その人が視界のどこかに入ってきた瞬間、オーラがとぶ。もともとこの世のものではない光が、スポットライトのように人を照らすわけだから、どういう情況にあってもその人は輝くものなのだ。しかし写真や映像にオーラが写っているのを見たのは、それが初めてだった。

たぶんそのオーラがあまりに強い上に、多くの人が病気に苦しむ暗い病室の中では、マザー・テレサのエネルギーがより強く発されるから、映像でもその光がハッキリ写ったのである。

実際オーラにもいろいろある。〝人から見られることがオーラを生む〟とは、よく言われることで、私が見たオーラのうちの半分は、いわゆる有名人が放つオーラだったが、〝有名人オーラ〟にも二種類あって、〝自ら人に見られることを望んでいる人のオーラ〟と、〝本当は目立ちたくないのに、どうしても現れ出てしまうオーラ〟との二種類。この違いは、ひと目でわかる。

〝見られたい人〟のオーラは、どちらかと言えばキラキラめらめらするような華やかな光り方をし、〝いやでも光ってしまう人〟のオーラは、明らかに白い。青白いほどの美しい光なのだ。私が見た青白い光は、六十代の女流作家がメイクもせず、着飾りもせずに何かに読みふけりながら、ひとりお茶をのむ姿のまわりにうかびあがったものであった。

これはたぶん、オーラのベクトルの違いだろう。〝見られたい人〟のオーラは、さあ、私を見なさいという、言わば〝発散性のオーラ〟であるのに対し、もう一方のオーラは、いやでも人目を惹き付けてしまう引力をもつ、言わば〝霊的なオーラ〟。まさしく、魂の光なのである。

まぎれもなく青白いオーラを、私はもうひとつ見たことがある。政治家や財界人も相談しにくるという〝大物占い師〟でありながら、傾きそうな団地の一室に今も住みつづける清貧の老人。

もともと占いは信じないほうである自分が、その人の前に座っただけで心がスーッとおだやかになってしまうのにも驚いたが、すすけた部屋の中、その人が目の前で青白いオーラを発しているのには、本当に驚いたものだ。

神に近い人は、もう百パーセントの確率でオーラが出てしまうものだとその時確信した。撮影現場のライトは想像以上に強いものだというが、マザー・テレサはたぶんそういうライト以上のとんでもない明度をもったオーラを放っていたのだろう。それだけ神に近い人だったのである。

さあ、私たちはここから何を学びとるべきなのか。

若いうちは「どーぞ私を見てちょうだい」といった、発散性のオーラをキラキラさせることとは、私たち一般人にも可能なのかもしれない。でも、もう自分は若くはない……となった時、オーラを発散するなどという発想も気力も消え失せる。その時になったら、このマザー・テレサの青白いオーラの話をどうか思い出してほしいのだ。

誰にでも持てる「小さなオーラ」

歳をとるということは、ひたすら何かを失っていくこと……と思いがちである。特に女は外見的な若さを失うから、それだけで失望しやすい。でも、歳をとらないとなかなか生まれ出てこないものもあることを忘れてはいけない。ただ、それが、マザー・テレサのように〝神に近づくこと〟だと言ったら、「そんなの無理」と言うだろう。

でも、歳をとって、なんとなく風貌が、どこかの国の神さまに似てくる人っていると思う。ふくよかな顔、穏やかな表情、静かな物腰……それだけだっていいのである。そういう表情へ向けて歳を重ねていくために、今私たちは悔いのない時代を生きているのだから。

帝国ホテルのロビー。平日の夕方だから、人はごった返していた。にもかかわらず、遠くのほうから歩いてくるひとりの女性の姿が私の目に飛びこんできた。知ってる人？ いや知らない。有名人？ ……でもなかった。でも、そういうふうに目を惹《ひ》く人って、なんだかずっと昔から知っているような気にさせられる。

その人はもう七十歳近いのだろう。髪はシルバー。そのお歳なりの落ちついた装い。特別に美しいわけでも飛び抜けて上品なわけでもない、なぜ、目に飛びこんできたのか、不思議に思うほどの静かな佇《たたず》まい。なのに目を惹いたのだ。

その後、打ち合わせのためにラウンジへ行って席につく。すぐ横の席にお年寄りの団体がいた。五人か六人、いやもっといたかもしれない。

六十代から七十代の女性たちの団体は、若い女の団体よりも、声は大きく、しかも人に聞かれてはまずそうな会話を、へっちゃらで聞かせてくれる。その内容、まるで午前中の主婦向けバラエティのような、典型的な〝嫁姑問題〟で、周囲半径五メートルくらいに響きわたっていたから、私は断じて盗み聞きしたわけじゃない。

「あらま、ウチの嫁なんか……」

「あら、ウチは……」

「その点、ウチなんか……」

と、相手の話を受けずに、全員がいきなり〝自分のウチの事情〟で話をつなぐのがこの人たちの特徴らしい。

「女も歳をとると、声と自己主張がやたら大きくなる」と誰かが言っていたのを、思い出す。一見にぎやかで楽しそうだけど、内容はかなりエグく、自分もやはりこうなるのだろうかと思って、ちょっと暗くなった。

別に〝かぶりつき〟で、その〝ありそうでなかなか見られない光景〟を見ていたわけではないので、しばらく気がつかなかったのだが、その中に、さっきロビーで私の目を惹いたそのご婦人がいる。わけもなく気になって、その人の「ウチはねエ」話に耳を傾けたが、その人はいつまでたっても声は出さない。時折、ニコニコとやさしく微笑んだり、うなずいたり、それだけだ。

すると突然その中のひとりが「先生のお宅は、お幸せだから……」と〝その人〟に話をふる。先生？　その人は、お茶かお花かの先生で、他のにぎやかな女性たちは、その弟子らしかった。

「いいえ、そんなこと……。でもウチは息子夫婦が仲がいいから、安心です」

とだけ、その人は答えた。同じ話題にふれず、でもみんなの話のコシをくじくこともなく、さり気なくかわす術。なんだか、長く生きているほど決定的になってしまう、〝女の質〟の違いというものを見せつけられた気がした。

そして、その人が遠くからでも私の目をとらえた理由がハッキリわかった。マザー・

テレサの百分の一にも充たないかもしれないが、やっぱりそれもオーラだったのだろう。平凡だけれど、正しく清潔に穏やかな生活を送る人が放つ〝小さなオーラ〟。

別に福祉活動なんかしていなくっても、そういう穏やかな顔をしているだけで、人は神にわずかながらでも近づくのである。そしてその時は、白い光が全身を照らすのかもしれない。

人には二回、オーラを発するチャンスが来る。若さや美しさや自信が自ら放つ〝発散するオーラ〟と、歳をとって人生の終末に近づいた時に、静かに発光する〝美しい魂のオーラ〟。誰にでも、この二つのオーラを放つ資格はあるのだ。そのチャンスをどちらも逃さないようにすること。あるいはそれが、女が一生美しくありつづける究極のコツなのかもしれない。

5 顔美人より、声美人

夜の報道番組で、恒例の街頭インタビューを今日も見ていた。あれを見る限りでは、みんな立派。社会の動向をしっかりと見ていて、新聞をこまめに読んでいなければ出てこない政治経済の専門用語がスラスラ出てくる上に、何よりも自分の意見をしっかりと持っている。

もしも自分が街でいきなりマイクとカメラを向けられたら、「い、いそいでますので……」とかなんとか言って、カメラに映らないように腰をかがめたりして（それでも映ってしまうのに）みっともなく逃げ出してしまうのだろう。ああ困った……などと、これを見るといつもひとり憂うつになっていたのだが、実際に放映されるのは、全体の十分の一程度で、本当は腰をかがめて逃げる人も少なくないのだという。

それにしても、あの一人ほんの数十秒の割り当てしかないインタビュー場面ほど、人間の本質を露骨に残酷に見せつけてしまうものもない。答えはもとより、質問の意図さえわからずにボー然とする人も多いらしいが、知識のあるなしではなく、逃げる逃げないでもなく、その時、たったひと言でもなんと言うかに、何よりどんな声でなんと言うかに、その人のすべてが凝縮されているように思うのだ。

特に女性の場合は、その人が決定的に美しいか否かが、その瞬間に決まってしまうと思うのだ。

ある晩の街頭インタビューには、女性がたてつづけに登場した。次々に映し出される顔と答えをずっと見つづけていた私は、ある瞬間ハッとする。なぜだか突然、『女は顔じゃない、声だ！』と心で叫んでしまったのである。

繰り返すが、画面に登場する人は、選り抜かれた優秀な回答者。それぞれにきちんとした答えを持っている。しかも一連の総会屋関連の利益供与事件に関しての質問だったから、全員がそうした企業の体質をあたりまえのように批判する。条件は同じなのだ。

なのに、中に一人、飛び抜けて美しい女性を発見する。ほんの数秒だったが、私は忘れない。

三十代前くらい、主婦がお買いものに出た感じ。そして、顔はふつう。次々に映し出される顔の中でも、もっと美しい女性はいたはずだ。なのに一体なぜ彼女なのか。

その女性は、完璧な声と言葉をもっていたのだ。ポンポンポンと、顔をいくつも見せられたからわかることとなのだが、その時私はハッキリ悟る。声の美人は、顔の美人をラクラク超えてしまうということを。

高すぎず低すぎず、しかし奥ゆきがあって、ハリもあり、濡れているようにみずみずしい声。でも、声だけなら、彼女はちょっと声のキレイなふつうのひと。彼女はその声でこう言ったのだ。

「あり得ないことですけれども、もしもわたし自身がその立場にあったら、果たして突っぱねることができただろうか、と思うことがあるんですよね」

悪いことをしでかした人を悪いとののしることは誰でもできる。しかし、彼女のこの言葉には、事態の本質を鋭く見つめた上での、新たな問題提起が含まれていた。問題は、個人というより腐敗した企業体質そのものにあり、その腐敗は誰もがタブー視してきた日本の根深い社会問題であることを、こんな身近なわかりやすい言葉でスッととっさにコメントできるなんて、ふつうの女性じゃない。しかもあのような美しい魅力的な声で。

どうか想像してみてほしい。私はなんだかほれぼれした。カッコイイともステキとも美しいとも思った。

企業に行って、女性社員の言葉の教育にたずさわり、本人もナレーターとして活躍する女性は、私が行きついた〝声美人は絶対だ!〟というメカニズムの成り立ちをこう説明してくれた。

極端な話、声が美しかろうがしゃがれていようがいい。女性にとってもっとも大切なのは、生活する上でいちばん基本的な言葉を、どれだけていねいに心をこめて発することができるか、ここなのだと。人は言葉。生活態度はもちろん、人生どう生きていくかも、この基本の言葉の発し方に出てきてしまう。

で、その基本とは何か。「おはよう」であり、「ありがとう」であり、「ごめんなさい」、「さようなら」である。

もう三百六十五日使う言葉だから、言い古されて心が通わなくなるのがふつう。だからこそ、そこに心をこめられるか否かが、その人の価値を決めてしまうのだと。そして、ていねいに心をこめると、自然と声がおなかから出てきて、奥ゆきもありハリもある美しい声になってしまうの、とも彼女は言った。

さらに彼女は、驚くべきデータを見せてくれた。それは「美しい声の持ち主は、姿形も美しかった」という調査結果で、数十人の女性たちを〝声の美しさ〟だけで判断した順位と、見た目からくる〝美しい印象〟の順位が、ほぼ一致してしまう事実を伝えていた。

声の美しい順に、姿形も美しいなんて、ちょっと信じ難いこと。でも現実にそうなのだ。声の美しい人は黙っていても、何となく「美しい女性」の雰囲気をかもし出してしまうのだ。

ひょっとしたら、私たちがよく口にする〝内面の美しさ〟とは、声と言葉のことなのかもしれない。

私は過去に、それこそ数百人にものぼるいろんな年齢、いろんな職業の人に、「美しいのはどんな女性?」という質問をしてきたが、その六〇パーセントいや八〇パーセント近くは、「内面の美しさがにじみ出ている女性」という答えだった。

もっともだ……と思いながらも、じゃあ「内面の美しさ」って何? それがにじみ出るってどういうこと? と、結局は釈然《しゃくぜん》としないままそれを記事にしてきた気がする。

でもその時私は、間違いかもしれないが内面の美しさとは〝美しい言葉をもつこと〟であり、それが〝にじみ出る〟とは〝その言葉が美しく発せられること〟、つまり〝美しい声〟になって、まわりの空気をふるわすことであると確信したのだ。

旅行先で朝、海辺を散歩していた時に「おはようございます。いい季節になりましたね」と声をかけてきた見知らぬご婦人。

犬の散歩中に「可愛いですね。撫でてあげてもいいですか」とたずね、「どうもありがとうございました」と言って立ち去った、二十歳そこそこの美人。

まさに朝の澄んだ日ざしのように明るく清々しい声で、毎朝毎朝変わらない「おはよう」を言いつづけた同僚。

電車が揺れて、私の足を踏んでしまって、何度も何度も一生懸命「ごめんなさい」「すみません」「大丈夫ですか？」を繰り返した中年の女性。

行きつけのカジュアルなレストランで、いつもドアの外まで出てきて「おやすみなさい、お気をつけて」と言いながら、姿が見えなくなるまで見送ってくれる若いスタッフ……。

私が出会ったいつまでも忘れることのできない「美しい女性」は、本当に何気ない日常で、みんなみんな〝当たりまえ〟の言葉をていねいに美しく声にする女性ばかりだった。

「美人」と「内面の美しい女性」との決定的な違いがきっとわかったはず。そして、美しい声と美しい雰囲気をもつ、その人たち内面美人は、単なる「美人」より、ずっと長く深く、人の心にとどまることも、わかったはずである。

6　「誰が美人？」に答えはない

「あの人って、キレイよね」

「エーッ、そーお？」

　こういうやりとりは、女同士でけっこうよくかわされる。人のことを、やたら「キレイだ、キレイだ」とほめまくる女がいたかと思えば、よっぽどのことがない限り、人を「キレイ」とは言わない女もいる。

　女には女の、ひとりひとり異なる「キレイの基準」というものがあって、女はなぜかそれを異常に強固にふりかざしてしまうところがあるらしいのだ。

「常盤貴子《ときわたかこ》ってキレイよね」

「エーッ、そーお？　どこが？」

「どこがって、キレイじゃない」

「あなたは、ああいうのをキレイって言うんだ。わかんないなー」

「じゃあ、どういうのをキレイって言うのよ」

「山口智子とか……」

「エーッうそ。信じられない」

などという他愛のない言い争いをしている二人がいた。まず、この二人はそこそこにキレイ。そして、面白いことに、ひとりが常盤貴子風ならば、もうひとりは山口智子風と言ってよかった。つまり、自分に少しでも似ている女優を、それぞれに支持していたのは明らかだった。

女には無意識に、自分が所属する系統の顔を、執拗《しつよう》に支持してしまう習性がある。そして、もっと執拗に、自分の嫌いな相手が所属する系統の顔をけなす習性があるのだ。つまり、言い争いをしていたこの二人はお互いをあまり好きでない間柄ということになる。

一方、やたらめったらいろんなタイプの女を、あの人キレイ、この人キレイと言いまくる女がいる。あるいはまた、自分とはまったく逆のタイプの女に異様に執着する女……。

一瞬「きっといいひとなのね」と思ってしまうのだけれども、あまりにも無差別に、または偏《かたよ》った形で人をキレイと言うのは、自分にある種のコンプレックスがあるからなのだと言っていた人がいた。女はまことに複雑だ。

もちろん、ごくごく一般的で無難な「美人観」を持つ人も多いわけで、一概《いちがい》には言えないけれども、女が「誰がキレイか？」を語る時、そこにはついつい女の本音や性根が一緒に出てきてしまうのである。

「美人かどうかなんてのは、すべて主観の問題。誰が美人か？ なんて、ナンセンスだよ」

これは雑誌の企画で「誰が美人か？」というページを作った時、いろんな年代の男女に片《かた》っ端《ぱし》から「誰が美人か？」の質問をぶつけた時に三十代の男性から返ってきた言葉である。彼は気持ち興奮ぎみでつづけた。

「そういう企画ばっかりやってたらダメだよ。日本の女の成長が止まるよ」

彼は、学生時代からの友人で、遊び人風のサラリーマン。いわゆる美系タレントの名前をババッと十コくらいあげてくれそうなタイプだとずっと思っていたので、私は少しギョッとする。

「単なるアンケートなんだから、大目に見てよ」と言いながらも、私は彼のその反応が気になって仕方なく、結局根掘り葉掘りと質問ぜめ。彼が頑《かたく》なになった理由をつきとめる。

彼には就職してすぐ付き合い始めた彼女がいた。ところが、彼のちょっとした浮気がばれ、以来ギクシャクしはじめる。彼女はとても疑り深くなり、ささいなことでヤキモチをやく……ここまでは、ホントよくあるお話。

しかし彼女の疑心暗鬼は、ちょっと変わった形で現れはじめたというのである。昔から「わたしキレイ？」と聞くことが少なくなかった彼女は、その〝自分がキレイか否か〟に異常なまでにこだわるようになったのだ。

都合の悪いことに、彼の〝浮気の相手〟は同じ会社のＯＬ。会社でもちょっと目立つ美人だったことがコトの発端と彼は言う。

最初のうちは、何かにつけて「彼女と私とどっちが美人？」と皮肉混じりに問いかける彼女。まあ自分に非があるわけだし、その頃は「カンベンしてよ」とかわしていたものの、そのせりふが時と場所にかかわらず頻繁《ひんぱん》に出てくるようになると、彼もさすがに辟易《へきえき》としてくる。

彼いわく、彼女は言わば〝私は美人？症候群〟。

「あの人と私のどっちが好き？」ではなく、「どっちが美人？」としつこく聞く彼女に、自分への気持ちに対する不信感さえ生まれてきたという。その頃にはメイクもしだいに濃くなったが、以前のように「化粧ちょっと濃いんじゃないの?」なんて、とても恐ろしくて言えなかったという。

しかし以前よりキレイになったのは確かだった。自分の彼女がキレイになっていくのはうれしいが、一時間おきに化粧直し、スキあらばコンパクトを開いている姿は、やっぱりちょっと病的だった。女って、そこに執着しはじめると、なんとなく凄《すご》みが出てきて、ホントにキレイなんだかどうだか、わからなくなったとも彼は言う。

美人があんなに好きだった自分が、ここまで美人であることに病的にこだわる女を見ていたら『美人って一体何だ?』『美人なんて、何か役に立つのか?』『女は形より中身だろう、やっぱり』なんて思うようになっていた。急に〝女〟が見えるようになった気がしたと言うのである。

確かに女は誰でも〝美人になること〟への果てしない焦燥感《しょうそうかん》を持っている。何かの拍子にそれを刺激されると、もう止まらない。他のあらゆる女と自分を比較しはじめる。

この時、症状が〝軽症〟ならば、女は突然のようにキレイになるが、〝重症〟だと、彼が彼女に感じたような〝こわさ〟が生じてくる。これではキレイになっても、なんにもならない。

しかも、肝心な男のほうは、あまりのことにしらけてしまう。まるで最高級のフランス料理店で、見たくない厨房を見せられてしまったかのようで、いくら美人だってそれは〝見せかけだけじゃないか〟と妙に悟ってしまうのである。

彼女の〝美人病〟は、さらにエスカレートし、クセになった問いかけも、「この世でいちばんキレイなのは一体誰？」みたいな壮大なものへ変わっていったに違いない。もはや彼がそれに付き合いきれなくなったのは言うまでもない。

最後には、美人であることの囚《とら》われ人になってしまった彼女を、可哀相《かわいそう》に思うようになったと彼は言う。〝美人になること〟は大きな意味で〝女の成長〟のひとつではあるのだろうが、その一方で別の成長を止めてしまう。それが可哀相だというのである。

まして、誰かと自分を「どっちが美人」と比較することの無意味さ、空しさに気づかないまま、やがて不特定多数の未知なる美人と自分を比較するようになった時は、成長がないどころか、人格を蝕《むしば》むことになってしまいかねないと言うのである。

彼女は、そうした世間の美人たち全員を〝敵〟として無意識に憎んでいたから、人に対してとても冷たくなったと彼は証言する。だから〝誰が美人かを確かめる女〟とは、もう金輪際《こんりんざい》かかわりたくないとも言っていた。

「鏡よ鏡よ、この世でいちばん美しいのは誰？」

こう問いかける一方で、嫉妬《しっと》の固まりとなる魔女は、悪い醜女《しこめ》の象徴で、本当は自分がいちばん美人なのに、それに気づかず、嫉妬の毒リンゴをうれしそうに食べてしまうお人よしの白雪姫は、正しい美人の象徴……。あの童話はそれを言いたかったのだなあと、いまさらのように理解する。

ちなみに〝美人とは一体誰か？〟のアンケートは、まったく意味のないものになっていた。聞く人聞く人がみんな違う名前を挙げ、複数票をかせぐ美人は、いつまでたっても出てこなかったのである。

たとえば誰かが〝五票〟集めてもそれが何になるのだろう。

自分に似ている女優の名を挙げる人ばっかりならそれはそれでいいじゃないか。結局、誰が美人だなんて答えは、どこにもないのだから。そこに無理矢理答えを出そうとした女が、せっかくの〝白雪姫的美しさ〟を人格もろともぶちこわしてしまう現実は、けっこう身近に起こりうるし、そのことのほうが、よほど問題なのだから。

たまたま昨日も、「この子ってほんとに美人よね」と、雑誌に出ていた九頭身タレントを指さして言ったら、一緒にいた人が、「そーお!?」と反論した。「好き嫌いじゃなく、美人かどうかってことよ?」と私も喰いさがるが、「そんなの好きじゃなきゃ、美人だなんて思えない。関心もない」

そうなのだ。人間、美人かどうか以前に〝好き嫌い〟。仕事柄とは言え、「誰が美人か?」にこだわっているのは、自分自身だったのかもしれない。そう思うと恥ずかしかった。

今すでに「美人」という言葉の意味が大きく変わりつつある。美人とはあくまで〝魅力的な女性〟と訳すべきで、昔ながらの「美人」を何かと定義づけようとしている自分が間違っていたのである。昔ながらの「美人」の囚われ人は、今の時代、決して美人にはなれないのである。

7 〝美人〟であることは、一体誰にとっての「美しさ」なのか？

美人コンテスト。そんなもの要らないと言われながらも、結局今も世界中で生き続けているのは、一体なぜなのだろうと、ふと思うことがある。

なんだかんだ言っても女を姿形で品定めしたいのは、男の本能。……ミス・インターナショナル世界大会から、ミスさくらんぼ的な地方自治体主催のコンテストに至るまで、要はそういう本能のハケ口になってるだけなんじゃないか。

出たい人が勝手に出るコンテストならまだしも、中学校や高校で、男子生徒が何かの特権のようにマジで投票したりする、クラス単位の美人コンテストや、オフィスの場での〝ミス○○課〟を決める遊びなどは、たまったものではない。

もっとも今は、学校でも〝ミスター・コンテスト〟のほうがずっと盛んで、それなら私もマジで投票してみたいと思うのだから、やっぱり人を「選びたい、品定めしたい」という欲望の遺伝子が、多くの男女にはセットされているに違いない。

そして、「選ばれたい、品定めされたい」と思う男女も、ハッキリとある数存在するわけで、出場者がいる限り、なくならないとするならば、これは永遠になくならない。

第一、多くのミスコンは、もったいぶって三次四次まで審査をやって候補者をしぼり込むスタイルなわけだが、この時、きっとあの人に違いない、やっぱりあの人が残った、これで間違いない、ぜったいあの人……と見ている者のほとんどが思っていると、必ずと言っていいほど別の人がミスになる不思議。だからミスコンって、後味悪いのよねーと誰かが言っていたっけ。

どっちにしろミスコンは、多くの人にとってもはや「どうでもいいこと」には違いないのだ。

しかしその一方で、ミスコンはどうしても廃止すべしとしつこく訴える人々もいる。人権侵害だ、女性蔑視《べっし》だ、人が人を選ぶとは何ごとだ！　と彼らの言い分ももっともだ。

今は下火になったが、数年前までミスコン賛成派と反対派が、大激論をかわす特別番組などが組まれていたりもした。多くの人にとって「どっちでもいいこと」は、いくら激論をかわしても、正しい結論が導かれるはずもなく、やがてお互い疲れてしばらく休戦となるのが常だった。

ところが、しばらく前に私は、この種の激論を見ていて「人間の美しさ」ということについて、大いに考えさせられ、そして大いに感銘《かんめい》を受ける一場面に出くわすことになる。

この〃一場面〃の登場人物はたったふたり。

賛成派の一人は、今はコメンテーターとしても評価の高いカメラマン、加納典明氏。彼は一応、賛成派の席に座ってはいたが、もともと「出たいヤツがいるんだから、そいつらが出て勝手に競ってればそれでいいんじゃないの？　とやかく言うことないよ」という、いいかげんかかり上の賛成派だった。そして、反対派は若い女性。体が不自由で、言葉にもかなりの障害が見られた。

彼女は、「外見の美しさよりも、人間、中身のはずだ」という、まったくの正論をもって、写真家と戦った。しかし彼も、その正論に対して異論を唱えることはもちろんなく、「外見で人を判断したいヤツらは放っとけ」という彼の持論をもって対抗する。

彼自身も、

「姿形が美しいことと魅力的であることは別のものである」

と主張した。つまり彼は、〝賛成派〟というよりは、〝無視しろ派〟。〝目くじらたてても、時間のムダだぞ派〟なのだった。

だからミスコンという人間の評価づけが、未だに水着で行われ、公然と存在していること自体が許せないとする反対派女性の主張とは、もともと論点がズレており、他にも出席者は多くいたものの、二人の議論があまりに平行線をたどるものだから、すでに口のはさみようもなかった。

というよりも、やがて「自分は体が不自由で美しくもない。男性にも愛されない。まったく評価もされない。そういう人間はどうすればいいんだ」という叫びのような訴えに変わっていった反対派女性を納得させる答えなど、他の誰も持っていなかったのである。唯一、このカメラマンだけが彼女を納得させたいと真正面から立ち向かった。

そして、この典型的とも思える水かけ論は、彼のある訴えによって突然終わる。

「キミは、そんなに大多数から愛されたいのか？　そんなことが大事なのか？　キミにも、親がいるはずだし、キミを大切に思ってくれる人間が世の中にひとりはいるだろう。ひとりいればいいじゃないか。人がひとり、自分を大事に思い、愛してくれているという事実の重さに、どうして気づかないんだ」

全員がしばらく沈黙し、やがてすすり泣く人もいたようだ。その訴えは、ミスコンの是非《ぜひ》などとはまったく別の次元ですべての人の胸に鳴り響き、そして「世の中にたったひとりでも自分を大切に思ってくれる人がいること」は、「姿形が美しいこと」とはなんの関連もなく、また「美しいこと」の何倍も何十倍も尊いことを、誰も否定できない事実として刻みつけた。

「姿形の美しさ」など、ミスコンくらいにしか役に立たないのだ……誰もが、そういう結論をいつの間にか導きだしていたに違いない。

世の中にたったひとりでも……。この言葉の重さを、私は思った。たとえば、女が美しくありたい、キレイになりたいと思う動機も、もともとはそこにある。しかし女たちの多くは、その〝たったひとり〟が見えないまま、目的を〝美しくあること〟そのものに移していく。あるいは目的なく、美しさへの執念を燃やす。

若いうちはそれでいいのかもしれない。たったひとりが決まるまでに、せいぜい自分を磨くといい。その過程で、ミスコンで自分を試したいなら、それは勝手。しかし、いつまでも〝不特定多数〟の目に訴えかけようとする美しさには、それ以上の輝きが宿らなくなるのではないか。

「たったひとりに可愛いって言われれば、それでいいの」と、それ以外の男に媚《こ》びない女が理想……とは、多くの男の一致した意見。その〝たったひとり〟がまだ架空の誰かであったとしても……。

つまり、人はある時期どこかで〝不特定多数〟を卒業し、誰かひとりへ向かって歩いていくべきものなのかもしれない。〝ひとりが大切に思ってくれれば充分〟という価値観が生まれた時にこそ、女の美しさも永遠の生命を得る。

でなければ、若いことだけで輝いていた時代を終えた時、美しさを支えるものがなくなってしまう。口はばったいが、人の美しさや輝きを支えるのは、人。あるいは〝誰か〟であり、そのたったひとりへの愛なのだから。

マーケティングの世界でも、モノを売る時、不特定多数のために作ったモノは売れない。たったひとりの〝誰か〟のために作ったモノが、結果大多数の支持を得るのだなんてことが言われる。〝たったひとりに愛されればいいの〟という割り切りは、そういう意味でも、女を格段に成長させるのがわかるはずだ。

〝たったひとりのためのキレイ〟は最強

濃いめだった化粧を、突然やめてしまった女性がいる。よほど上手にメイクしていたらしく、もとの顔がちょっと思い出せないほど顔が変わった。いわゆる〝化粧映えする顔〟でもあったのだろう。

ほんのちょっとメイクすれば、数倍キレイになれる顔を、私はおせっかいにも放っておけず、やっぱり少しはメイクしたら？　と促す。すると彼女は、

「もういいの。このほうがいいって言われたの」

新しい恋人が、化粧嫌い。キミも素顔のほうがステキだと言われたのだという。けっこうな熱烈コスメフリークだった彼女にとって、そういう理由で何も塗れない辛さは相当のものと思ったが、彼女はすでにすっかり割り切っていて、化粧への未練もなければ、〝不特定多数〟の目にも関心がなかった。恋愛はかくも女を変えるのだ。

しかしそれからほんの数ヵ月後。彼女に会ってビックリした。どう見ても素顔、なのにまるで化粧しているみたいに〝化粧顔〟になっている。明らかに、目鼻だちがハッ

キリしているのだ。

もともとキレイになるセンスに優れた彼女のこと、素顔になればなったで、それを生かすナチュラルな髪型や服装をちゃんと持ってきている。しかしそれ以上に、素顔そのものが驚くべき成長を遂げたと言っていい。人はその気になれば、顔だちさえ変えられるのだ！

でも、それより何より、〝たったひとりの誰か〟のために、メイクを落として素顔になれる勇気、それがこの人の素顔を奇跡的に輝かせたのだと、この時私は確信する。

あなたは誰のために、キレイになろうとしているのだろう。恋人のため、夫のため、あるいは両親のため、そして、まだ見ぬ誰かのため。時々はそれを思い出してみるといい。誰かを愛するからキレイになりたい……この動機こそ本物。こういう時の美容ほど、効果の高いものもないし、こういう時の女ほど、素のままで美しい時もないのである。

美しさは、たったひとりのためにある。そして、美しいかどうかを決めるのも、そのたったひとりなのである。実は、それで充分なのである。

STEP 2

女が突然キレイになる時

8 〝化粧顔〟vs.〝素顔〟

女と男の違いは、結局〝化粧をするかしないか〟だけみたいな気がする。今や男もカチューシャしてネイルなんかも塗る時代。でも、顔に平気でメイクするには、最低でもあと五年……いや、それは永遠にないかもしれない。

そう考えるなら、女は〝化粧をする性〟。女にとって化粧は〝特権〟であると同時に、やっぱり〝存在証明〟なのである。だから、〝メイクもしない女〟、〝化粧っ気のない女〟はどこかで女を放棄していることに他ならない。

……と、まあ、単純に押し切りたいところなのだが、そうも言い切れない側面もいくらかある。

「素顔のほうがいい」

よく男たちが口にする言葉だ。もちろん、そうじゃない男もいるが、意外な男がこういう言葉をはくと、ちょっとビビる。

「少なくとも、自分の彼女、もしくは奥さんは、素顔でいてほしい」

そんな願望をもっている男も多い。しかし、これは「他の男の目に、オンナ、オンナしたキミをさらしたくない」という話だったり「もうボクという決まった男ができたんだから、化粧なんかすることないでしょ」というイミだったりするわけで、少し意図が違う。

問題は、女性全般に対して、〃素顔〃を望んでいる男や「化粧が嫌い」と明言する男の心理。これを、私たちとしてはもう少し深く読んでおかないといけない。

「化粧をする女は嫌い」と言った男に、「で、誰が好き？」と聞いたら、「シャロン・ストーン」と言う……よくわからない。

これを勝手に分析するならば、シャロン・ストーンのいくつかの映画を見る限り、たぶん〃彼女らしい役柄〃のせいだろうが、〃化粧顔〃と〃素顔〃の両方がきっちり出てくる。しかもその二つの顔を〃二重人格〃のように使い分ける演出が多い。なるほど……と思う。

〃化粧顔〃と〃素顔〃の両方のイメージを強烈にもっている女。しかも、〃化粧顔〃の時はちょっとコワイけど、〃素顔〃の時は突然〃やさしい女〃に変身する。彼は、その落差の中での〝素顔〟に魅せられたのだ。

そういえば、シャロン・ストーンはずい分昔に「洗顔だけ」のコマーシャルにも出ていた。洗顔のコマーシャルに出ると、その人には〝素顔の女〟っぽいイメージが強くなるのだと言われるが、たぶんそれも影響しているのだろう。

両方持っているからこそ、〝素顔〟という顔を強烈にアピールできること。男は〝化粧〟にそれを望んでいるのではないか。「素顔の女が好き」といっても、生まれてこのかた〝化粧〟もしたことのない女の〝素顔〟を指しているのではない。〝化粧顔〟も〝素顔〟も両方美しい女の〝素顔〟を選びたいのである。つまり、〝化粧顔でしかない女〟にも〝素顔でしかない女〟にもなってはいけないのである。

〝化粧落とし〟が女を美しくする

劇場の楽屋で、いわゆる〝舞台化粧〟を落としている女性を見た。それがなんだか妙に美しく見えた。

ふつう私たち女は、化粧をする時、いちばんいい表情をすると言われる。それは、事実だ。口紅を塗る瞬間の目の輝きは、子供から大人までみんな一緒。でも、〝化粧〟

はそれを落とす時にも、たぶん何らかのパワーを発するのである。

きわめて強い舞台化粧。その人は〝ポンズ〟みたいな大きな容器からゴルフボールほどの大きさのクリームを取り出し、けっこう乱暴に塗りたくる。白いクリームに肌色だの赤だの黒だのと、いろんな色が混ざりあう。もちろんそれ自体はちっともキレイなものではないけれど、素顔にもどろうとしている姿は、なんだかとても美しかった。

舞台を終えた安堵感もあるのだろうし、分厚い化粧を脱ぐ解放感もあるのだろう。でも私がそこに見たものは〝化粧顔〟から〝素顔〟にもどる時にだけ生まれる〝ものすごいパワー〟だった。そして、たぶんそれはすべての人の〝化粧落とし〟に起こりうることなのだ。

私たちはたぶん、何も考えず化粧を落とす。疲れと眠さで、何かを思うどころじゃないはずだ。でも、今晩だけでいい。化粧を脱いでいく自分をしっかり見つめてほしいのだ。

〝化粧顔〟から〝素顔〟へもどる時、女の中では〝化粧顔〟と〝素顔〟が見えない戦いをしている。ワタシのほうがキレイよ、いやワタシよ……という。女はこの時、必ず〝素顔〟の味方になる。〝化粧顔〟より〝素顔〟のほうに、より美しくあってほしいと、無意識に願うのだ。

〝素顔〟のほうがずっと美しかったら、それはそれで問題なのだが、それでも、〝化粧顔〟に負けてほしくないのだ。あるいは、「素顔のほうが、キレイだね」という誰かの声を聞きたいと願うのかもしれない。

じつは、その気持ちが、女の〝素顔〟を美しくする。〝化粧顔〟に負けまいとする気合みたいなものが、〝素顔〟をみじめなものにしない力となるのである。毎晩毎晩そういうふうに、〝素顔〟を励ましていたら、〝素顔〟はひょっとして美しさを増やしていくかもしれないし、歳だってとらないかもしれない。

そして翌朝、女は一転、〝素顔〟より〝化粧顔〟の味方になる。〝素顔〟より数段美しく〝化粧顔〟をつくりたいと願う。すると〝化粧〟はもっとうまくなる。毎朝毎朝、少しずつうまくなる。

その繰り返し。一生その繰り返しをすることが女にとって、じつはいちばんの美容法なのである。〝素顔〟と〝化粧顔〟が抜きつ抜かれつしながら、あなたを美しくする……それが、〝化粧〟のほんとうの効果なのである。

だからこそ、〝化粧顔しかない女〟にも〝素顔しかない女〟にも、そして、〝素顔は死んでも人に見せない女〟や〝化粧をまったくしない、する気もない女〟にもぜったいなってはいけないのである。

9 美容のムダは、人生のムダ

〝英会話のマスター〟と〝美容〟は、じつによく似ていると思う。英会話教室にはいくつも行ったけど、続かないからしゃべれない。テープ、ビデオの類もひととおり揃えたし、「英語がコワくなくなる本」みたいな単行本も数知れず。それでもしゃべれなかったりする……これは片っ端からダイエット法を試しつくすが、続かないからやせないのと同じ。化粧品を集めるだけ集めて、キレイになれないのだって、結局は同じなんじゃなかろうか。

ただ、もっと似ているのは、〝英語はマスターしたけれど、結局使わない人〟と、〝キレイになったけど、結局何も変わらない人〟。もちろん、英語をしゃべれることはそれだけですばらしいし、肌がキレイなことも、それだけで価値がある。でも、そこまで「あがり」となってしまうのは、あまりにももったいない。

まして会話術も美肌も、使わず放っておけば、たちまち衰えていく。一体なんのために、膨大な時間とお金をあんなに費やしたのか。まさに時間のムダ、人生のムダとなりはしないだろうか？

「英語ができていいわね」と言うと、本物のバイリンガルは「できるだけじゃ意味ないの。英語を使って何をするかが問題なのよ」と決まって同じ答えをする。〝キレイ〟も同じなんじゃないかと思うのだ。

化粧品にものすごく詳しい、まあ要するに超コスメフリークであるという女性を取材することになった。顔を知らないその人を見つける目印は、腕にかかえたある雑誌。

雑誌をかかえた人はいたのだが、明らかに違う……そう思ってキョロキョロしていたら、相手のほうから声をかけてきた。なんと、明らかに違うと思ったその人だった。この時、痛感……コスメフリークは見た目ではわからない。そして、取材はすすむが、彼女のスッピンの顔に、コスメフリークである痕跡は、やっぱり見つからない。

しかし三十分以上もたった頃、ハッとする。彼女は本当はじつにキレイな肌をしていたのだ。一体私は今まで何を見ていたのだろう。それに初めて気づくまでの三十分間、ずっと彼女を見続けていたのに。〝よーく見ればキレイ〟というのではない。人並みはずれてキレイな肌なのに、向かい合って座っていながら、それにぜんぜん気づかなかったのだ。

この時思ったのは、『彼女は、せっかく磨きこんだキレイな肌をムダにしている』ということ。素肌がこんなにキレイなのに、人がそれに気づかないのは、何かが邪魔して気づかせないのか、気づかせる何かが足りないのか……どちらにしても、この人は素肌の美しさを、自分自身の美しさ、存在の美しさにまるで結びつけていないということだった。

「肌がすっごくキレイな人ねぇ」と感心する時、私たちはきっと素肌の他にもうひとつ、キレイなものかステキなものを、一緒に見ているのだろうと思う。〝美肌〟だけが独立してポツンとあっても、きっと見えないのだ。見えても「素肌がもったいない。宝の持ちぐされ」みたいにしか思えないのだ。

超コスメフリークが化粧品と時間をいっぱいかけて、この〝見えない美肌〟をつくったとしたら、やっぱりちょっと空しい。その半分の時間とお金を、肌以外の何かを輝かせるために使っていたら、あるいはとんでもなく人をハッとさせただろうに。

〝美容のムダ〟と〝美肌のムダ〟は、女にとって、大げさに言えば〝人生のムダ〟にもなりかねないのを、まず肝に銘じよう。

もっと平然とキレイになろう

「あなた、化粧品関係のお仕事なさってるらしいけど……」

のっけから何やら批判的なおっしゃり方……と私はとっさに身構える。

「日本の女の人って、なんで化粧品なんかにああ夢中になるのかしら。ほんとに不思議」

来た来た……と私はさらに身を引きしめた。この女性は、誰もがひれ伏すような経歴の持ち主で、今は世界を股にかけたコンサルタント業を営む超キャリアウーマン。その人の前にいるというだけでなんとなくビビッてしまうのは、その迫力ある美貌のせいもあったと思う。

なぜ、化粧品ごときにそれほど夢中になるのか？

確かにそう。ちょっとはマズイと私も思う。でも、こういう完璧な女性に、そこを決定的に突かれてしまうと、いかにも辛い。化粧品ごときにうつつを抜かしているから、あなたたちは大したことないのよと言われちゃったみたいで、なんとも辛い。なのに、キズ口に砂をすりこむようにその人はキッパリ言った。

「要するにヒマなんじゃないかしら。女が化粧するのは、当たりまえのことよ。でもそれがすべてになっちゃうなんて、ワタシどーしても許せない。今しなきゃいけない大事なことって、いっぱいあるでしょうに」

『別にみんな〝化粧品がすべて〟になんて、なっていないもん……』と思いながらも、まったくもって、おっしゃるとおりと、感服した。女が化粧するのは当たりまえ、女がキレイであることは、世の中のニーズであり、それに応えるのは女の義務と、その人も言う。ただ当たりまえのことは当たりまえに、単なる〝日常〟としてこなすべきで、それを〝自分の人生のテーマ〟にするなんて考えられないというわけだ。

この人は、ほんとうにキレイにメイクをし、充分すぎるほど美しい。そこまでのことを〝女の当たりまえ〟として事も無げにやってのける。そうして、世界中を飛びまわり、男以上にすごい仕事をこなしてる。事実、ヒマだから一生懸命美容してキレイになってる人の十倍はキレイに見えるし、百倍も光ってる。ひょっとしたら、〝平然とキレイになれちゃう女〟は他のこともなんでもできるし、どうしても光ってしまうのかもしれない。

そう、私たちももっと平然とキレイにならなきゃいけないのだ。でないと、やっとこさキレイになってるうちに、人生ほんとにつまらないものになっちゃうのだ。

こう気がついた時はもう、この女性に尊敬すら感じていた。化粧もせずに光りもしないで、ただスゴイ仕事をしているだけのキャリアウーマンが同じことを言ったら〝だって私たちは女なんだから……〟といくらも反発できただろう。でも彼女の完璧さは、〝私たちの美容のムダ〟を存在そのもので、ぐうの音も出ないほどに鮮やかに批判した。そして、女はこうにもなれるんだと、新たな希望みたいなものさえくれたのである。

突然、ある男性がこう言った。「睡眠時間の多い男は、ぜったい出世しない」と。これはこれでわかる気がする。たぶん、何かのエネルギーのことを言っているのだろう。その人の中のエネルギーが、体はぐっすり眠っていても、体内ではずっと火をともしていて、朝になれば苦しむこともなくスックと立ちあがる。そういう男は、朝ぐずぐず起きられないでいる男の数倍のエネルギーを、日中、毎日のように発揮しているものので、たとえ一日分の差は微々たるものでも、一年たまれば大きいということなのだろう。

しかし彼は「データに基づいている話なんだよ」と言った。周囲の男に片っ端から睡眠時間を聞いてまわったら、その仮説がこわいほど大当たりしていたんだそうである。仕事のできる男ほど睡眠は短く、四時間から五時間。七時間眠る人は、逆にちょっと疲れてる。そして、できない男は「人間、八時間は眠らなきゃあダメだよ」なんて言っちゃうそうである。

眠らなくても張り切れる体力があるからできるのか、できるから眠らなくても平気なのか、そこはちょっとわからない。ただ、眠ることに何かの〝価値〟を見出しちゃっているような男は、使えないというわけだ。ものすごくわかる、これ！

それをそのまま、女に当てはめるのは難しい。〝睡眠不足は美容の敵〟は事実だし。ただふと思ったのは、〝美容ごときは平然とこなす女〟も、よけいには眠らないんじゃないかということ。

〝朝メシ前〟という言葉があるけれども、〝眠らない男〟も、日常のいろんなことは文字どおり〝朝メシ前〟にこなし、あとの日中はバリバリ仕事する。

同様に、こういう女性も、美容みたいな日常的なことは〝朝メシ前〟にとっととこなす。でも決して手抜きをするわけじゃなくみっちりと。言いかえれば、日常生活をする上で、その程度のエネルギーがないと、女も〝キレイどまり〟になってしまうのじゃないだろうか。

たとえば朝一時間早く起きてみる。そして〝美容〟をとっとと終わらせる。すると、一時間余ってしまう……その時きっと、こう思うだろう。「せっかくキレイになったのに、一時間何もしないでジッとしてたらもったいない」と。そこで何かを始めるのだ。

その時あなたはもう〝キレイどまり〟の女じゃなくなっている。〝美容〟をムダにしない。人生をムダにしない、いちばん手っとり早い方法である。

10 〝感性〟をめきめき育てる方法

女がキレイになる上で、欠けていると致命的なのが、じつは〝感性〟である。感受性と言ってもいいし、人としてのセンス、バランス感覚と言ってもいいかもしれない。どちらにしても、たくさんの女性を見てきて思うのは、同じことをしてキレイになるのは感性の豊かな人で、キレイにならないのは感性に乏しい人……これはもう動かしがたい事実だった。

じゃあ、生まれつき〝感性〟のない人は、もはや何をやってもキレイにはなれないのか？

そういう〝やるせない疑問〟も残る。

だいたいが、自分に感性があるのかないのか……〝ある人〟には〝ある〟とわかっても、〝ない人〟は〝ない〟ことにすら気づかない。それじゃあやっぱり、ない人は、一生何をやってもキレイになれないことになってしまう。

しかし、救いはあるもので、本来が〝感性〟とは育てるもの。そして、必ず育つものだとも言われる。だったら育てればいい。もともとある人もない人も、もう一度〝感性〟を育てるところからやってみる。それもまたひとつの美容法として。

そもそも私自身が〝感性って育つものなんだ〟と気づいたのは、つい最近のこと。たまたまテレビの衛星チャンネルで、N響のコンサートを生中継でやっていた。曲目はチャイコフスキーの交響曲第五番。

懐かしい曲だった。中学一年の時の音楽の先生がこの曲を好きだったらしく、授業の時間、何度となく聴かされた。好むと好まざるとにかかわらず、そのメロディは記憶の中にきっちりと刻まれ、すべてを口ずさめるほどだった。

音楽の時間に「あとの二十分は音楽鑑賞にしましょう」と先生が言うと、それはしばし〝何もしないでいい時間〟が訪れるということで、生徒たちはみんな一様にホッとする。しかし五分もしないうちに、何もせずにジッとしていなければならないことが苦痛になってくる。そんな時間だった。

しかし、私自身は自分もそうなってしまうことが、悲しかった。音楽は嫌いでないのに、十五分ぐらいたつと、やっぱり少し苦痛になってくることが……。こういういい音楽に集中できないくらいだから、自分にはきっと〝感性〟というものがないのだと、そう思うと悲しくなった。まさに、その時かかっていたのが、このチャイコフスキーの交響曲第五番だったのである。

「レコードで聴くのと、オーケストラを生で聴くのとでは感動のレベルが全然違う」と先生に言われ、コンサートにも行ったが、音はますます遠く感じるばかりで、自分には感動する心さえないのかと、当時かなり深刻になった。何より、会場は「ブラボー」とか言いながら、やたら盛り上がっているのに、私には、三分間もみっちりと拍手を続けなければならない理由がわからず、そして苦痛だった。

ところが、数十年たった今、同じ曲を聴いているのに、なんだか知らないが、涙が止まらなくなった。別に、昔よく聴いた曲だから、懐かしかったわけじゃない。ロシア人の指揮者の指先に操られるように出てくる音が、ひとつもらさず自分の中に押し寄せてくる感じがして、たまらなくなって出てきた涙だった。

〝あの時〟はどうしても体内に入ってこなかった音が、今なぜ怒濤のように押し寄せてくるのか？　しかもこの大げさなくらいな涙は何なのか？

誰かにこの話をしたら、「それ、歳とった証拠。涙腺が弱くなるのよ、歳とると……」

なんて言われた。でも私はこう思ったのだ。自分の感性も、まあ、よくここまで成長してくれたものだ……と。

私にはわかっていた。その時の私の感動のツボをおさえたのは、メロディの美しさ切なさはもちろんなのだが、むしろ指揮者の表情のほうが大きかったことを。いや、初老の指揮者の存在そのものかもしれない。指揮者が、そして演奏者のひとりひとりが全身全霊で作る音に、その人たちのすべてが込められるのだから、聴く側もそれを全身全霊で受けとめなければならない。火花が散るようなその交わり合い……私たちは結局、音より〝人〟に感情を高められ、感動するのかもしれない。つまり、感動は〝人〟にあり、人に涙させるのは〝人〟なのだ。

「最近、スポーツを見ると、すぐ泣けてくる」という男性がいた。勝者とか敗者に感情移入して泣いてしまうのかと思ったら、そうではなくて、彼らがそのカゲでどれほど辛い練習を重ねてきたのかということが、いつもダブって見えてきてしまうから泣けてくるんだと言った。結局、人。人の全身全霊ぶりに感動するということなのだ。彼ももういい歳だが、「歳とって涙もろくなったんじゃなくて、そういう人のすごさがようやく見えてきたってことなんだ」と言った。

そのとおり。音楽だって、絵画だって、小説だって、同じこと。音を通し、絵を通し、文章やストーリーを通して、私たちはいつも〝人〟に感動しているのに違いなかった。


若いうちには、思うように感動できないのも、まだ〝人〟を知らないからであり、その後たくさんの人に出会って、言い方は悪いが、人にもピンからキリまであることを知り、すると〝すごい人〟がする〝すごいこと〟には、涙が出るほど心がふるえる、きっとそうなのだ。そして、ピンでもキリでも人にいっぱい会ってこないと、〝人〟に感動できるまでにはならない。

すなわち〝感性〟を育てるのは、〝人〟。たくさんの人に出会うことなのである。できれば〝いい人〟とか〝すごい人〟をたくさん知っておくこと。そのほうが早く〝感性〟が育つから。でも、仮にそういう人にあまり出会わなくても、〝ふつうの人〟がたくさんでも、時には〝悪い人〟を知っちゃっても、必ずどこかの時点で〝感性〟は目覚めるはず。ともかく、たくさんの人と関わらないとダメなのだ。

〝尊敬できる女の先輩〟がいること

先日、若い女性数名に、話を聞く機会があった。そのうちのほとんどが、「転職したい」と言っていた。「どうして？」と聞くと、案の定、みんなさしたる〝理由〟がない。「ただなんとなく、もう長いから……」とか「もっと自分に合う仕事をさがしたくて」とか、「自分を向上させたくて……」みたいな、漠然とした答えばかりだった。

そんな中で一人、こう答えた女性がいる。

「残念ながら、今の職場には、尊敬できる人がいないので……特に、女性の先輩にそういう人がいないんです」

なかなかハッキリした、そして少しきついくらいの女性だと思った。そう言えば、少し前にも、同じような話をしていた女性がいたっけ。まったく別の職種から二十代半ばで広告代理店に転職した女性にその理由を聞いたら、「じつは……」と切り出したのが、同じ答えだった。

その女性は、まさに〝感性〟のある人。人としてのセンスもあり、いわゆる感受性も豊かで、人づき合いの面でもバランスのとれているすばらしい女性であった。

彼女はたぶん、若いうちに〝人〟の効用に気づいたのだろう。〝優れた人〟にたくさん出会うことが、自分の向上につながるのだと知っていたのだろう。この人が二十代の頃、どんな女性だったかはわからない。ひょっとして、さっきの若い女性のように、ハッキリした、少しきついくらいの女性だったかもしれない。

しかし、彼女は今、ほぼ完全なバランスと豊かな感性を身につけている。それはまぎれもなく〝尊敬できる女性をさがし求め、そして実際そういう人に出会って、体中で吸収した〟その結果ではなかったか。人より早く、そこまで至ったから、三十代そこそこで人より早く、〝完成された女性〟となったに違いない。これは間違いない。

話を聞いた若い女性たちの中でも、例の彼女は確かにある意味、光っていた。目が何か違うのである。

「尊敬できる先輩がいないから……」

その発想自体は、なんとなく他力本願的だし、「そんなふうに上の人間を評価できるほど、あなたはすごいの?」と言ってあげたくなるような〝生意気さ〟はある。でも、もしこの子がこの先、順当に〝尊敬できる女性〟に会っていったら、おそらく数年でこの〝きつさ〟も〝生意気さ〟も抜けていくことだろう。

だから今、〝人〟の大切さに早く気づこう。人をできるだけたくさん知り、その中から〝すばらしい人〟の〝すばらしいところ〟を吸収しよう。

私がコンピュータ音痴だから言うわけじゃないが、今の子供たちのように、コンピュータの画面とは異常に仲が良くっても、その裏がえしのように、心を通わせる友だちが少ないというのは、やはりちょっと問題だ。子供の時から、出会ってきた人の数で〝感性〟が決まるのだとすれば、大きな問題だ。

今の子供たちが大人になった時、化粧品や美容法はもっとはるかに進化しているだろうけれども、だからよけいに偏《かたよ》った美しさをつくることになりかねないからだ。今のうちに、希薄になりつつある人間関係について、なんらかの楔《くさび》を差しておく必要があるのではないか。未来の女性の美しさのために。

人が人の感性を育み、人が人を美しくする事実を、どうか今この瞬間に、胸に刻みつづけておいてほしい。これは、未来のあなたの美しさのために。

11 化粧品が使えない美しさ

注文したハーブティーが出された時、「一分ほど置いてからどうぞ」という声を聞いて、思わずその声の主を見上げてしまう。ティーカップをテーブルに置くその手ばかりを見つめていた私は、その女性がかなり年配の、と言うより、明らかに老人であると判断していた。ところが声はどう考えても十代後半か二十代前半の若い女性のもの……ハッとして見上げると、声のとおりのとても若く、そして意外にもアイドル系の可愛い顔をした女性であった。

彼女はニッコリ微笑みかけてくる。私は「いただきます」と言いながらも、彼女のその手と、まだあどけないその顔のギャップに、そして笑顔の裏側にあるものに、すっかりとらわれていた。

女性を、美しいとか美しくないとか、私たちが言うのは、一体何を指しているのだろう。顔だちだろうか。それとも全身？　どちらにしても、たった一ヵ所一部分が仮に美しくなくたって、美しいものは美しいはずだ。

ところが、その女の子は単に手が美しくないというだけで、自分が美しいことをすっかり忘れ去っている。というより、完全に否定している。この年代ならふつう、自分が若く可愛いと思っていれば、それなりの表情をするもの。なのに彼女の目は微笑みの奥に、まるで〝自分は醜い〟という負い目のようなものをはりつけていた。

深いシワだらけで赤くはれあがっているような手。しかしそれだけで、女はなぜこうも悲しい笑顔になってしまうのだろう。

やがて私は、次の発見をした。そのお店で働く別の女性の顔も、赤くふくれているのを見たのである。さらにもう一人、少し間を置いて出てきた女性も……。私はようやく理解した。そこは、おそらく重症のアトピーに悩む女性たちが働く店なのだ。

中部地方にある高原の、すばらしい環境の中に、その店はある。ハーブやその他の自然な素材でつくった食べ物から衣類までを売り、ハーブティーや自然食中心のレストランもやっている。その店に足を一歩踏み入れただけで、なんとなく体がキレイになるような、そんな清々しい、しかも独特な雰囲気をもったショップだった。

ハーブを売るほうの広いスペースの奥では、たくさんの女性たちの声がする。そこで売るものの多くを〝手づくり〟している女性たちらしかった。しきりがオープンになっている部分からふとのぞくと、そこには若い女性からかなり年配の女性まで七、八人いて、赤い頬をした人もそうでない人もいた。ただ全員が、化粧もしていないし、髪型にも服装にも気をつかっている様子はない。いわゆる〝自然派〟の店だが、ありがちなイメージ先行の〝自然派〟ではなく、そこで働く人々の印象からも、混じり気のまったくない、真の自然がひしひしと感じられた。

おそらくここは、ひどいアトピーの治療も兼ねて家を離れてきた女性や、都会に暮らすことで肉体的または精神的に傷ついた女性が、一種の〝いやし〟を求めて集まった場所だろう。なんとなく、現代が生んだ新しい形のサナトリウム、いや現代社会が生んだ修道院のように思えてならなかった。

アトピーに悩む人は多い。まともな生活が送れないほどに苦しむ人も少なくない。アトピーの子供をもつ母親の手記を読んだことがあるが、その壮絶な苦しみは、命への執着も奪うほどで、アトピーを知らない人間の想像をはるかに超えている。

しかし、アトピーをもつ〝若い女性〟の苦しみは、それとはまた別の深さと複雑さをもつはずだ。赤くふくれあがってしまった顔を鏡にうつし、女としての涙を流す女性もいるだろう。好きな人ができても、想いも告げずにあきらめる人もいるかもしれない。化粧もできなければお洒落をする気も起こらない。〝女としての人生〟は自分にはないのだと、ハナからあきらめてしまう人もいるはずだ。

そして、表情にはもちろん出さなかったとしても、私のように愚かにも手と顔のギャップに一瞬目をとめてしまう人間もいるわけで、彼女たちが受けた小さな屈辱は数限りないだろう。そうこうするうちに、可愛い顔だちの女の子が、自分は醜いのだと思い込んでしまう不幸も起こりうる。

アトピー肌を救う化粧品も少なくないが、化粧品では決していえない傷を、彼女たちはこの清らかな土地で和らげようと考えたのではなかったか。さもなければ、都会の汚れた空気のとどかない遠いところで、今までの人間関係を断ち切る意味があったのか。

深読みしすぎかもしれない。でも、私にはここで働く女性たちの、悲しいほど穏やかなやさしい表情は、この土地で作られたものに見えたのだ。

例の笑顔を見せてくれた女の子に、「このお茶、ほんとにおいしかった。なんのブレンドですか?」と聞いた。すると彼女の笑顔はもっと大きく、もっと悲しくなって「え、そうですか? どうもありがとうございます」とじつにうれしそうに言ったあと、その店のオリジナルブレンドの説明をていねいにしはじめた。しかもその手を隠そうともせずに、顔の前でヒラヒラさせながら。そして最後に「どうぞゆっくりしていってください」と言った。

確かにお客は私たちの他に一組。のんびりできる状況ではあったけれど、こういう店でさらに「ゆっくりしてほしい」とこんなに若い女性から言われたことは、今までなかったような気がする。

この時、私はこう思ったのだ。彼女はアトピーに悩み、それで美しくなくなった不幸を悩み、そうしてここへ来て、新しい価値観をもったのではないか。単に姿形がキレイなこと以上に、〝人を心地よくさせる幸せ〟を見つけたのではなかったか。人をホッとさせる自然の里、そこと一体になることで、彼女は自分を〝人の心をいやすことのできる〟価値ある人間であることを改めて思うことができたのではなかったか。

不思議なことだが、私はここに〝傷をもつ女性たちが肩を寄せ合って生きるさみしさ〟

みたいなものは、みじんも感じなかった。それも同じ価値観に目覚め、新しい自信を得た女性たちの集まりだからに違いない。そして、彼女たちの微笑みが、悲しいけれどその分静かで美しく、それが私たちの心を穏やかにしてくれるからに違いないのだ。

化粧品は治してくれない。化粧すらできない。化粧品ではぜったいキレイになれない女たち。しかし、だからこそ、化粧品以上に自分をキレイにするものに出会えた女たち。

化粧品が使える女には、一生身につかないかもしれない〝いやしの空気〟。これを身につけた彼女たちに、やわらかく穏やかな光を放つ、静かなオーラみたいなものを見たのは、私だけではないと思う。自分を〝醜い〟とどこかで思う、悲しい笑顔の女にも、オーラはちゃんと宿るのである。

12 巨大なストレスに、化粧品は効かない

八〇年代の初め、日本ではたぶん初めての〝自然化粧品ブーム〟が巻き起こる。今の〝自然〟とは少し違う、もっとプリミティブな素材……たとえばアズキやヘチマなどを使った〝おばあちゃんの智恵〟的な化粧品が大いにもてはやされ、流行に敏感な女性ほど、すっぽりハマる。そうした自然化粧品のよりどころは、「界面活性剤や防腐剤、香料などの成分をいっさい入れていない」ということ。こういう〝肌に有害なもの〟を配合している大手メーカーの化粧品は肌にとっても危険……みたいな、ずいぶん極端なことを言っていたのが特徴で、ハマった女性たちは、有名なメーカーの化粧品をことごとく否定して、アズキに走った。

このブームの片棒をかついだひとりの女性がいる。いろんな雑誌の取材に答え、「ピュアなもの以外、こわくてとても使えない！」と豪語した。

しかしそののち約一年後、彼女は突然自称〝敏感肌〟となっていて、いわゆるドクターズコスメにハマり、「防腐剤も入っていない自然ものなんて、こわくて使えない」と

言った。さらにまた二年ほど経った頃、今度はいわゆる"無添加"を絶賛し、「ドクターズコスメって言ったって、イメージだけよね」と否定的なコメントをはいた。

　以後、連絡を取るたびに替わっている彼女の〝愛用品〟は、当時ちょっと名前を聞く程度のマイナー系〝通販コスメ〟のハシゴという状況だった。言うことはもちろんクルクル変わる。それが面白かった。彼女は〝とっておきの情報源〟であり、スーパートレンドセッターであり、また少々未熟なコスメフリークでもあったのである。

　化粧品渡り歩き。これは誰でもおちいることだし、悪いことじゃない。しかし彼女の場合は、いささか病的だった。いちいち熱中し、いちいち幻滅するから、肌がキレイになるヒマなどはなかったのだろう。それだけ渡り歩いても、彼女はいっこうにキレイになる気配はなく、なんとなくいつも顔色が悪く、いつも吹き出ものに悩んでいた。

　やがて時代の流れのままに、彼女はヒーリングコスメ系に傾倒していくが、顔色の悪さは相変わらずだった。さすがに「化粧品なんてみんな効かないのかも……」と疑い出すが、それでも渡り歩きはやめず、ヒーリングコスメを次々に使い荒らす。改善しないのを彼女は化粧品のせいにするが、ハタ目には化粧品のせいとはとても思えなくなっていた。

三年前、彼女は結婚し、専業主婦となる。あまりにもわかりやすいが、〝ご近所〟のすすめで、主婦の間で広まっているパーティー販売の訪販コスメに切り替える。すると、どうだろう。ウソのように彼女の肌はキレイになったという。

「ホントにやっとのことで、いい化粧品にめぐり会えたの」

とほとんど興奮ぎみに電話をしてきた。

「どういうふうに良かったの？」と聞くと、

「まず、吹き出ものができなくなったでしょ、肌が白くなったでしょ……」

私はやっぱり……と思った。

彼女の肌を約十年にわたって悩ませつづけてきたのは、〝いい化粧品とめぐり会えないこと〟ではなく、彼女の中に延々と蓄積されつづけたタチの悪いストレスなのだった。精神的なストレスは自律神経を失調させ、血行を悪くし、肌の免疫機能も低下させる。いつも顔色が悪くちょっとのことでもニキビができるのは、すべてストレスが原因であった。

ではなぜ、忌々しい〝十年トラブル〟が一気に全面解決したのか？　もうおわかりだろう。結婚である。三十五歳。周囲も驚いたが、本人がいちばん思いがけなかったのではないかというほどの〝電撃結婚〟である。

もともと結婚願望のとても強い人で、二十代半ばからもう「私は一生結婚できないかもしれない」と友だちにもらしていたという。数回お見合いもしたが、三十代近くなるとそれもなくなり、「結婚できないかもしれない病」のように、なんの根拠もないのに悩みつづけた。それまでの十年は、結婚できないことと、いい化粧品がないことの二つを、交互にか一緒にか、ともかくごちゃ混ぜにして悩みつづける十年だったのである。

かくして、二つの悩みは、まったく同時に解決した。この人の体験に、私たちはいくつものことを学ばねばならない。

ひとつは、〝結婚〟などをしない限り決して終わらない〝絶対ストレス〟に、化粧品はどうしたって勝てないこと。そして化粧品が、思いを遂《と》げられないイライラのハケ口となっている限り、どの化粧品を使っても、永遠に効かないし、永遠に納得するものに出会わないこと。また、そうやって化粧品を次々に〝否定〟しつづけると、しだいに化粧品のいいところが見えなくなり、永久に渡り歩くようになること……。

同じような例は、じつはいくらもある。ひどい肌アレに悩み続け化粧品を替え続けた女性が、〝人事異動〟で別の部署に異動したとたん、毒素が抜けるようにスッとキレイな肌になってしまったとか、長く同棲していた男性と別れて、家も引っ越したらたちまち肌がピカピカになり、化粧品の渡り歩きも終わったとか。いずれも、自分の〝居場所〟がすっかり変わると同時に起こった現象なのである。

しかしさらに、重大なのは、今の時代、コスメフリークと言われる人の中には、じつはこのタイプ——自分の不幸の鉾先《ほこさき》を、なんの関係もない化粧品に向けて、化粧品に没頭する——がまことに多くなっていること。

そして、そういう人に限って、〝主流〟にある化粧品よりもかつての自然化粧品や、通販コスメのように、〝傍流《ぼうりゅう》〟であったり、マイナーであるものに価値を求める傾向があること。〝傍流〟はいつまでたっても主流にはなり得ないから、よけいに〝もっといいものを！〟という意識が強くなり、化粧品のチェンジを病的に繰り返してしまうことになるわけだ。

これを〝壮大なムダづかい〟と言う人もいるだろう。でも、ほんの一瞬でも、その暗黒的なストレスを化粧品がいやしてくれるなら、それもいいじゃないかと私は思う。

彼女は、〝結婚できないこと〟の原因さえも心のどこかで『化粧品が効かないせい……』と思っていたかもしれない。もしもそうならば、化粧品のせいにした分だけ『私がダメだから……』『私に魅力がないから……』というコンプレックスをもたずにすんだはずだ。彼女が結婚できたのも、そうした自分へのコンプレックスにどっぷりつかっていなかったから……とも言える。彼女が渡り歩いたたくさんの化粧品は、肌のトラブルは治せなかったにしても、彼女のコンプレックスは減らした。ちゃんと役にたった。少しもムダではなかったのである。

化粧品は、女にとって単に肌につけるものではないと思う。うまく説明できないがもっと精神的な場所につけるもの。化粧品を使うとそれだけで心が晴れ晴れするとは、よく言われることだけど、もっと深いところで女性たちの苦悩を軽くしてくれているもの。

美容のムダは、確かにお金と時間のムダになるが、百パーセント人生のムダとまでは言い切れない不思議な力があることだけは確かである。

13 明暗分ける二人のコスメフリーク

ある女性から、こんな質問を受けたことがある。

『なぜ、化粧品にあまり興味のない人のほうがキレイなのですか？　私にはどうしてもわからないのです。教えてください』

まだ口頭だったら、「そーよねー、それってあるのよねー」くらいに軽いタッチで受けこたえもできたのだろう。でも、その質問は〝文書〟でにぎにぎしく投げかけられたもの。ちょっと身震いした。考えに考え、悩みに悩み、それでも答えが見つからず、意を決してしたためたことがうかがえる、ほとんど〝人生相談〟クラスの真剣みを感じたからだった。

ハッキリ言って私もずい分前から、同じことを思っていた。〝化粧品にそれほど興味がない人のほうがキレイ〟な場合が意外なほど多いと……。それをコスメフリークへのひとつの〝警告〟として、何度か記事にしたこともある。しかしここまで本気に答えを求められると、もうヘタなことは言えない。しかもこういう疑問をもって、夜も眠れないでいる（かもしれない）人とは、一体どんな女性なのか？　このことにもガゼン興味が湧いてきてしまったのである。

ずい分前に、ある化粧品会社の仕事で、メイクとスキンケアに関する〝若い女性の意識調査〟をやった時のこと。ほとんど無差別に二十代の女性を十人、いわゆるコスメフリークの女性も十人、それぞれ十人ずつ集めたグループインタビューの席上、エッと声をあげそうになる。

間違いなく〝コスメフリーク組〟と思われた十人はじつは〝無差別〟組で、逆にほとんど化粧品とは無縁のような雰囲気をかもし出していた側こそ、〝コスメフリーク軍団〟であったのだ。何かの偶然だろう。しかしそれにしてもここまで見事にひっくり返って見えるとは……。

ハッキリ言おう。〝無差別組〟は、華やかでキレイで素敵。〝コスメフリーク組〟は、少なくとも見た目にはそうじゃなかったのである。

インタビューが始まると、なるほど〝化粧品との距離〟の差は歴然だった。コスメフリーク側はともかく知識が豊富で、化粧品への評価も正しい。無差別組は、いわゆる

〝平均的〟な人から、〝化粧品にはぜんぜん興味がない〟と言い切る人までいたから、知識は並かそれ以下。でもだから、どうしたっていうの？　とその時私に思わせてしまったのは、ひとつの化粧品を使ってもらって「なんでもいいから感想を……」と求めた時だった。

コスメフリーク組は、「感触がどうの、香りがどうの」とひとしきり言ったが最後、それ以上は何も出てこない。ところが〝興味がない〟と言い切った松雪泰子ばりの美人が、「朝使うより、夜寝る前に使って一晩中効かせたいっていうタイプの化粧品ですよね」とか「目をつぶると中に入ってく感じがよくわかってうれしい」とか「これ一本使い切ったら、たぶんその時の満足感っていうのはすごいと思うし、そういうことでも人はキレイになれると思います」などと、じつにユニークな発想と表現力で思い入れたっぷりに語り出したのだ。

これに刺激されたのか、〝無差別組〟の別の二人も「三十代の、キモチ肌が老化してきたくらいまで待ってて、一気に使うと効きそう」とか「私はこういうの、肌に時々〝ごほうび〟として使ってあげる化粧品にしたい」といった具合に豊かに楽しく表現しはじめた。コスメフリーク側は、気のせいか『素人が、何言ってんの』という憮然とした表情でこれを聞く。

〝知識〟と〝感性〟の違い。それをハッキリと見たのである。

少なくとも、ここにいるコスメフリークが〝左脳〟で化粧品を見ているのに対し、無差別組は〝右脳〟で化粧品を感じている。その差はとんでもなく大きく、最終的に彼女たちの姿形にあらわれてしまっていたのである。つまり、化粧品というものは〝知識〟がいくらあっても効きめは増えないが、〝感性〟が鋭い人には、黙っていても効きめを増やしてしまうのである。

だいたいが、感性の女たちは「効かせたい」とか「キレイになれそう」とか「持っていたい」とか「ごほうびにしたい」とか、化粧品に対していつも夢や希望をもち、意志があり心が介在している。

化粧品そのものに「興味はあるか？」と聞かれれば「ない」けれど「キレイになりたいか？」と言ったら「もちろんなりたい」人たちで、だから化粧品にとても素直な夢や希望をもつ。別に余分な知識を得ようとはしない。そのほうが、化粧品の効果も素直に届くし、化粧品にしてみても、そのほうが効かせやすいってことかもしれない。

であれば、いっそコスメフリークじゃないほうがキレイになれるということになってしまう。もちろん、そうじゃないケースがあって当然だ。

〝感動〟は効きめを増やす

〝その人〟が出てくると〝番組の知的ランクが少しあがる〟ということで、いわゆるバラエティで一時期引っぱりだこだったタレント。女性誌の世界でも〝自他ともに認めるコスメフリーク〟などと言われている。かの〝スヴェルトブーム〟も元はといえば、この人が「効いちゃった」とひと言テレビで言ったことがきっかけとも言われていた。

ある時、彼女のコスメフリークぶりをさぐり出すべく、その人と〝対談〟という企画がもち上がる。本当のところを言えば、超コスメフリークなどと呼ばれる人と、ひたすら何がいい、何が効いたみたいな話を二時間もやる気はその時あまりなかったのだが、待てよ、彼女は〝ものすごく頭のいい人〟としても評判。〝頭のいいコスメフリークが一体何を話すのか〟に興味が湧いたのだった。

思ったとおりであった。「あれがいい、これが効く」という、化粧品の固有名詞百連発みたいな話題には一切ならないのだ。化粧品そのものよりも、むしろ彼女は〝化粧品のとらえ方〟について話そうとしている。

「今、何を使っているか？　うーん、いくつかあるけど、それよりもコレがいいって聞くと、ワッとそれが欲しくなるし、次にまた何か話題になると、それも欲しくなる。すごくミーハーなんですよ」という調子なのだが、彼女が何を言いたかったのかがハッキリわかった。

……化粧品なんて、どれもそう極端には違わない。むしろ、ワー使ってみたい、ワー効きそうと、自分自身が化粧品を使うことに対してすごく盛りあがること自体が大切なのだと。

「だから、日々のお手入れもけっこういい加減。しばらく使って飽きると他のものを使って、それでまた前のにもどったり……」

そうそう、と私は激しくうなずいた。

これを『あーら、けっこういい加減じゃない』と見てはいけない。ある特定の化粧品への思い入れより、どの化粧品であれ〝使いこなす〟ことにともかく熱意を傾けているからスゴイのだ。

そもそもこの人が化粧品にハマッたきっかけは、肌が突然疲れて見えた時に、エスティ　ローダーのフルイションか何かを使って、ものすごく効くって思ったことにあるという。それまではほとんど〝洗いっ放し〟状態。化粧品にワケもなく惹かれていくんじゃなく〝化粧品とは効くものなんだ〟という確信からすべてが始まったのだ。

このスタートからして、世間一般のコスメフリークとは違ってる。たぶん彼女のコスメ集めも、情報とかデータとか知識より、自分自身の〝確信〟とか〝直観〟のほうがはるかに優先しているに違いない。だから、仮に無駄はあってもぜったいに損はしない。なんといっても〝使いこなして効かせてやろう〟という意気込みがあるから強い。プラス〝効きめ〟に激しく感動できる人並みはずれた〝感受性〟があるから、実際の効きめより、実感は大きくなる。

彼女が〝スヴェルトブーム〟に火をつけたと言われるのも、じつはその感受性豊かな表現そのものに、聞く人が魅了されただけなのかもしれない。結果、ブームが起こり、彼女は一躍〝コスメフリーク〟と呼ばれることになる。情報とモノを集めまくるだけのコスメフリークとは、やっぱり基本的に違うのである。

そして、実際彼女の肌は惚《ほ》れ惚《ぼ》れするほどキレイだった。こういうコスメフリークは、ちゃんとキレイになっているのだ。

『なぜ、化粧品にあまり興味のない人のほうがキレイになれるのか？』に、今こう答えよう。

キレイになる人は、化粧品というモノやスペックには、なんの興味もない。興味があるのはひたすら〝自分がキレイになる方法や手段〟のみ。その中に、〝化粧品を使いこなすこと〟が入っているかもしれないし、入っていないかもしれない。化粧品の〝化〟の字すら入っていない人もいるだろう。

要はこういうこと。化粧品は黙っていてジッとしているだけの〝モノ〟ではない。だからこそ、夢みて期待して使って感じて、そして感動しないと、返事もしてくれないものなのだ。コスメフリークだろうとなかろうとそれがわかっている女だけが、キレイになれるのである。

ちなみに、この質問をしてきた人は、〝やはり〟、モノとデータを集めまくったコスメフリークだった。なのに集めた分だけ着実にキレイになっていく形跡がぜんぜんないことをずっと疑問に思い、悩んだ末の〝質問書〟だったのだ。

だから、この女性はきっと、明日からは着実にキレイになっていくだろう。「なぜ、化粧品に興味がないほうがキレイになれるのか？」そこに疑問をもったとたん〝キレイになれないコスメフリーク〟から、一歩も二歩も抜け出したのだから。

STEP 3

キレイになる人、なれない人

14 メガネを取らない女

「あなた、メガネやめて、コンタクトにしてみたら？」

私のオフィスでアルバイトをしていた女子大生は、黒っぽい縁のメガネを、どんな時もぜったいにはずさない。いつか、はぎ取ってやろうと、私は密かに企んでいた。

「ねー、ともかく、ちょっとはずしてみなさいよ」と、ほんのいたずらのつもりでメガネをはぎ取る真似をする。その瞬間、彼女は弾けるように体を翻《ひるがえ》した。〝してはいけないこと〟をしたのだと、直感する。

彼女にとってメガネは、単に目が悪いからではなく、もちろんオシャレのためでもなく、何かを隠すための〝鎧《よろい》〟のようなものなのに違いなかった。

でも一体、何を隠そうというのだろう？　彼女は充分に可愛らしかったし、メガネの奥の目は、黒目がちで、第一いつも欠かさずアイメイクしている。メイクするくらいなら、見せてくれても良さそうなものなのに……と、やっぱり私はあきらめきれない。

「そんな可愛い顔しているのに、なんでメガネをはずせないの？　もったいないじゃない？」

わざと少し真顔になって、そう言ってみる。

「えー、でもいいんです、私は」

彼女は、そう言った。「いいんです、私は」と……。

この〝いいんです、私は〟というフレーズに、私は異様に反応してしまう。なぜか心をかきむしられ、そして猛然《もうぜん》と立ち上がりたい衝動《しょうどう》にかられてしまう。

「よくないわよ、そういうの」

と、彼女が充分に若いことをいいことに、ちょっと命令調になってみた。

「ともかくお願いだから、はずしてみて、どーしてもあなたの顔が見たいんだから」

私が男だったら、間違いなくセクハラだ。

しかし〝お願い〟が届いたのか、彼女はついにメガネをはずす。ちょっと驚いた。想像以上にバランスのいい、美しい顔だちだったこともあるけれど、彼女の表情が、まるで犯罪者か何かのように突然オドオドし、その目はキョロキョロと宙をさまよって、なんだかまったくの別人になっていたからだった。

「ほーら、このほうがずっとキレイじゃない」と言ってはみたものの、裸にされた子供のようなその表情に、痛々しささえ感じた。それ以上の無理強いはできないのだと、すぐに悟った。

それから先も、メガネをはずした彼女を、一度たりとも見ることはできなかった。

マイケル・ジャクソンの、あの〝マスク〟をふと思い出す。世間はたび重なる整形手術のあとを隠すためだと言ったりもしているが、実際には心の不安を包み隠すためのマスクだと言われる。大衆への恐怖感、極度の緊張感を和らげるための鎧なのだという。しかしその奥にあるのは非常に強いコンプレックスだろうと分析する人は多い。一見ファッションのように見えるけれど、あの不自然な〝手袋〟にもじつは同じ意味があるのだろう。

生まれついての肌の色に対する、宿命的にぬぐい去れないコンプレックス、白人の顔だちそのものに対するコンプレックスかもしれない。そしてそこからくる、〝女性全般〟へのコンプレックス。いかにも不自然と思えた、例の〝愛がない結婚〟も、二世が欲しいという願望と同時に、それらのコンプレックスを鎮《しず》めるためのものだったと言う人さえいる。

しかし、あれだけの才能を持ちながら、そのようなコンプレックスの固まりとなるのは一体なぜ？ と思うだろう。しかし、コンプレックスとは本来そういうもので、ハタから見ていくら恵まれていても、本人にとって、劣等感はどこまでいっても劣等感でしかないのである。

〝メガネを取らない彼女〟にも、誰にもわからない、誰にも見えないコンプレックスがあったのかもしれない。異物を顔の上に容赦なく横断させてしまうメガネは、自分と社会をダイレクトには触れさせない格好の小道具で、メガネをかけている限り、彼女はたぶん一生傷つかないですむのである。

それにしても、彼女は一体どんなコンプレックスを抱えているのか？ 人のコンプレックスにズカズカ入りこむほど、私も横暴ではないが、おせっかいにも〝彼女を楽にしてあげることができるかも〟などと思ってしまったのである。

しかしその時まで私は、決定的な事実を忘れていた。彼女は、〝超〟がつくほどのコスメフリークであったこと。

そう、メガネの奥の目はいつもしっかりとメイクされ、若い子にしては、ファンデーションがきっちり塗られすぎていた。何よりも、化粧品に異常に詳しい。「あそこのアレ、なんだっけ？」と私がつぶやくだけで、それはランコムのオーデビアンフェのことですか？ なんて正式名称がスラスラとすべり出してくる。〝実践〟も〝データ収集〟も両方完璧な本モノのコスメフリークと言ってよかった。

一見チグハグに見える、メガネとコスメフリークという組み合わせ。化粧品を使ってキレイになったのなら、その顔をメガネで隠しはしないはず……とふつうは思う。だが実際には「メガネを取らないコスメフリーク」は少なくないのである。

学生時代のクラスメートにも、決して〝メガネをはずさない女〟がいた。最初はなんとも思わなかった。前に理由を聞いた時、「コンタクトが合わないから」という答えだったし、いつもスッピンだったから、〝そういうこと〟には興味がないのだろうくらいに思っていた。

ある時、たまたま数人で彼女の部屋に行くことになる。彼女自身はそれをあまり望んでいなかったが、その中のひとりが半ば強引に、「いいじゃない、すぐ近くなんだから、ちらかってたって気にしないからさ」という具合に、彼女を〝説得した〟のを、なぜかよく覚えている。

部屋に入り、あるコーナーを見てびっくりした。彼女がそれらをあわてて片づけようとしたからよけいに目についたのだが、それはおびただしい数の化粧品サンプルだったのだ。もちろん〝レギュラー〟もたくさんあったが、サンプルは山になっている。

わー、すごい、とみんな大騒ぎになった。彼女は、親戚が化粧品店でそこからもらうのだと説明したが、よく見ると、いろんなメーカーのものがバラバラにあって、自ら必死で集めているとしか思えないコレクションであった。

「これ、みんな使ってみてるの?」

と誰かが聞いた。彼女は、

「えっ、そんなことないけど……」

と言葉を濁らせる。例の〝強引な〟友だちが、「だったらちょうだいよ」と選びはじめたが、「ダメよ、あずかってるだけなんだから」と、彼女は顔をマッ赤にしながら、急いでしまいはじめた。もう誰も、それ以上は化粧品のことに触れなかった。

彼女はおそらく、相当のコスメフリークだったのである。それも、「キレイ」になるためというより、ともかく必死で集めてしまうタイプの……。

そして、彼女が鏡の前で夢中で化粧品を使っている姿など想像もしなかったが、それからはそれが信じられた。なぜなら、彼女の部屋でもうひとつ、〝あるもの〟を偶然にも見てしまったからである。

それは黒いレースのかなりセクシーな下着だった。ところかまわず化粧品をしまおうとした時に、ドレッサーの引き出しからはみ出したのは、確かにそういう種類の下着だったのだ。なんだか私たちは、いよいよ見てはいけないものを見てしまった気がした。

彼女は、自分が女であることを隠したがっている……そう直感した。じつは、女であることをものすごく意識しているのに、病的なまでにそれを隠したがっている……そう確信したのだ。

ふだん私たちが見ている彼女……〝女っぽいもの〟のすべてを排除した、おそろしくまじめな学生……と、その化粧品の山やセクシーな下着とのものすごいギャップを、他に説明しようがなかったのである。

私はのちにこう聞いた。

「なんでメイクしないの?」

「なんとなく恥ずかしくって」

というような答えだった。

当時、私たちは二十歳を少し過ぎていた。女になりたい。でも、なれない。そういう葛藤《かっとう》が、彼女を「メガネを取らないコスメフリーク」にしたのではなかったか。〝アダルト・チルドレン〟という言葉があるが、大人の女になりたくてなれないアダルト・チルドレンは、〝女になる〟ための化粧品と下着に執着し、その代わりに〝女っぽさ〟の対極にあるメガネを取れないのである。

あのアルバイトの彼女に話をもどせば、彼女の場合は、メイクはするが、メガネは取れない。断定はできないが、ひょっとして彼女に〝女〟であることを素直に認めさせる男性が現れた時、そのメガネはなんの抵抗もなくはずされることになるのかもしれない。

男にしてみれば、若い女のメガネは〝男を近づけない〟ための鎧のように見えるらしいが、本当は〝女になりたいけれどコワイ〟というメッセージなのである。その認識のズレに、男のほうも早く気づいてほしいが、もっと早く気づくべきは、やはり「メガネを取れない女」本人ではないかと思う。

キレイになる第一歩……それは、ごくごく当たりまえに、〝大人の女〟へと成長していくことなのではなかろうか。

十代半ばで男の子を好きになって、〝女〟に目覚めて、失恋もして、そういうことを十代のうちにひととおりすませたりしながら、下着に凝ったりダイエットしたりエステに行ったりして〝大人の女〟の既成事実を作っていく。そのプロセスで、大人になることへの不安や嫌悪や拒絶感を感じたりすることもあるだろう。でもそれを乗り越えて、きちんと正しくまっとうな〝大人の女〟にならないと、女は美しくも魅力的にもなれないのである。

そして、化粧品との関わりだって同じ。子供の頃に母親の口紅をこっそりいたずらしたような〝後ろめたさ〟をいつまでも抱え込んでいたら、いくら化粧品に大金をつぎこんでも、ぜったいキレイにはなれない。化粧品はあくまで〝大人の女用〟であり大人の女じゃないと効かないのである。

早すぎてもいけないが、遅すぎるのはもっといけない。女たちよ、大人へすすむ過程で、可及的《かきゅうてき》速やかにメガネをはずそう。大丈夫、美しさは自然についてくる。

15 運命の逆転

子供の時、学校の朝礼で頭ひとつ飛び出てしまうほど背の高い女の子がいた。キリンのように長い手足、子供とは思えないほどの面長《おもなが》……、とうてい〝同い年〟とは思えない。クラスの全員が、彼女にいい意味でも悪い意味でも近寄れずにいた。何しろ、担任の先生よりさらに〝大人〟に見えたぐらいなのだから。

でも〝自分が完全に浮いてしまっていること〟に彼女自身が思い悩んでいるなどとは、みんな夢にも思わなかった。そういう気持ちが理解できないほど、彼女は浮いていたのだと思う。

中学に入って、長身であることの異様さは、まわりが背が高くなった分、多少は緩《かん》和《わ》された。しかし、小学校から彼女を知る人は、相変わらず彼女を遠まきにしたし、初めて彼女を見た人の衝撃はやはり並大抵ではなかったのだろう。結局のところ彼女は、通算九年間、浮き続けたのである。

今思えば、確かに表情は明るくなかった。私たちが「大人っぽい」と感じたのは、なんのことはない、暗かっただけなのである。その九年間は、相当に苦しかったはずだ。ほとんど〝無言のいじめ〟と言っていい仕打ちの中、彼女は何も言わず、何もせず、ひたすら大人顔で耐え抜いた。どんなにか孤独だったことだろう。

大人になってから、彼女にバッタリ会う。といっても、私のほうは声をかけられて名のられても、それが彼女であると気づかなかった。しかし声は変わらないもので、低く特徴のある声をいくつか聞き続けて、ようやく彼女であることがわかる。そこまで彼女は変貌《へんぼう》していた。

今で言えば、スーパーモデル。同じ人間とは思えないほど、あらゆるバランスが自分とはまるで違う人が、自分の目の前に立ちはだかっていることにまずギョッとし、さらにそれがあの彼女だったことに、ほとんど倒れそうになる。冷静になって考えれば、手足がそこまで長くて、日本人離れした面長の顔があれば、そしてそのまま濃いメイクと大人の服をまとえば、〝スーパーモデルみたい〟になって当然だった。

運命の逆転！　女には、こんなスゴイことが起こりうるのだと、私は感動すら覚えた。

実際に、彼女はモデルになっていた。そう言われてみれば、何かの雑誌で見たことがあるような……。でも彼女みたいに外人っぽい日本人モデルというのは記憶にない。聞けば、ショーのモデルをしているのだと言う。

当時、学生だった私は、ファッションショーなど一度も見たことはなく、そんなところで舞台の上を歩いている人は、もう住む世界がおそろしく違うのだと思うしかなかった。

もうひとつ私を驚かせたのは、彼女の性格の変化だった。〝暗かった〟のは私たちがそうさせていたにすぎないにしても、今の賑《にぎ》やかでさえある快活な話しぶりを誰が想像できただろう。

〝立場〟は人をこんなにも変えるのだと痛感する。彼女は妙に馴《な》れ馴れしく、いつの間にか私をカオルと呼んでいた。そう呼ばれたのはまぎれもなくその時が初めてだった。彼女のなかに息づいている、人としての、女としての〝自信〟が、ガンガン伝わってくる。

彼女の時代が来たのだ……私はなんとなくそう思い、そして大きな彼女の前で、よけいに小さくなる自分を感じた。

言い忘れたが、彼女は本当にとんでもないほどキレイになっていた。話していても、ドキドキし、胸の高まりがどうしてもおさまらないほどの超ド級の美人になっていた。おそらく、濃いメイクのせいだろう。そうとわかっていても、ドキドキする。女は、こんなにも変われるのだということへのドキドキだったのかもしれない。

子供の頃は、その子供らしくない顔を美しいと言う人はひとりもいなかったが、大人になって勝つのは、要はこの顔だったのだと深く深く納得する。ともかくそれは、ひとコマひとコマを未だにハッキリ覚えているくらい衝撃的な出来事だったのである。しかし、不思議にうらやましいとは思わなかった。おそらく、子供の頃の〝大きすぎて可哀相な彼女〟をたくさん見ていたからだろう。あの時の分だけ、幸せを感じてほしいと心から願った。すれ違う人が百パーセント振りむく優越感を、あの時の分だけ味わってほしいと願った。

よく、人の生涯において〝幸せの量は決まっている〟と言われるが、彼女の場合は、それが大人になってからの年齢に、極端に固まったのだろう。

「平凡な女」は、気づかないくらいの小さな幸せが、生涯を通じて淡々と流れていくから、幸福感というものを、明確には感じないが、彼女のようにドカンと幸せがやってくるのも悪くない。めったやたらに経験できない二つの極端な運命と出会えることも、けっこう素敵かもしれないなどと思ったりした。

しかし、その後一度も、彼女とは会っていない。女性誌の編集者となった頃、あの人はどうしているのだろうと気になって、モデルクラブのメニューをめくったりもしたが、その後の消息はついぞつかめなかった。幸せな結婚をしているのだろうか。もしかして、今度は美しすぎて浮いてしまうという「新しい不幸」に泣いてはいないだろうかと心配にもなった。

それにしても〝背が高すぎる〟ということが、女の人生をこんなにも劇的にしてしまうとは。〝人間は姿形じゃない〟という言葉を、通常使われるのとは別の意味で、今ハッキリと〝間違っている〟と思った。姿形に女の運命は少なからず左右されるのだ。しかも、〝美しい〟と〝美しくない〟という評価がオセロゲームのように一転、ダッと引っくり返ることとさえ起こりうるのである。

〝自分の居場所〟を見つけた時、女は突然花開く

留学一年後に帰国した時はまったくの別人になっていたという女性がいる。留学前の彼女は、いわゆる目立たない存在で、オシャレもせず、いつもつまらなそうな表情

をしていた。ところが、一年のアメリカ留学が、彼女を百八十度変えた。

なんと形容すべきなのか、ちょうど〝神田うの〟のようなお人形顔になっていたのだ。非常に太いアイラインを入れ、口紅もくっきりと描かれていた。それは、素顔とフルメイクで人の顔はここまで変わるのだという証明のようだった。

外国帰りの日本人は、だいたい肌が褐色になって眉が細くなり、アイラインをくっきり入れて、ブルーのアイシャドウを塗るから、なんだかみんなインディアンみたいな顔になると言われるが、彼女の場合はもっとストレートな美人へと変貌を遂げている。

どうしたらそんなふうにキレイになれるの？　と聞いてみたかった。でも、聞けなかった。彼女は相変わらず不機嫌そうな人のままだったが、単に〝愛想の良くない〟感じから、〝いかにもクール〟という印象に変わっていて、私にはとてもそういう質問をする勇気がなかったのである。

しかしみんなに話していた留学体験の内容に、その手がかりが隠れていた。留学してすぐ、友だちになった女の子が夕食に呼んでくれた時のこと、そこの母親が彼女の顔をともかくじっと見ていたのだという。気がつくと、父親も兄も姉も、全員が自分をジロジロ見ている。一体なに？　と不安だったが、日本人がそれほど珍しいのだと思うようにしたのだとか。

翌日、その友だちが彼女にこう言う。

「家族がみんなビックリしてた。あんなにキレイな女の人を見たことないって」

それって自慢？　とそこにいる全員が思ったはずだが、私は〝なーるほど〟と激しく納得した。彼女の〝自慢〟はさらに続く。

ともかく男の子によくもてて、女性からも「好き」という告白を受けた。一度に四人の男の子から付き合ってと言われた。アメリカ人はともかくストレートで「キレイだ」「美しい」と連発された……云々。

もちろんみんなうんざりしていたが、全員が同じことを思ったろう。〝へーえ、こういう顔が向こうでは美人なのか〟と。

彼女の人生は一変したのだ。トコロ変われば……ではないが、日本ではまったく人目を惹かない女性が、アメリカでは〝女王様〟となったのだった。彼女の中の何かが突然目覚め、美人への道をわずか一年で一気に駆けあがったのである。そして〝美人〟であることに気づいた彼女は、それを十二分に生かそうと、激しいフルメイクを始めたのだろう。

メイク自体が正しいとか正しくないとかは別として、そういうメイクをすることは、女にとってとても大切な作業であると思う。生涯に一度はそういうイメージで、自分のギリギリの可能性を確かめてみる必要があるのだから。

もちろん彼女は完全にアメリカの虜《とりこ》になり、数ヵ月後にまた渡米、結局アメリカの大学を卒業し、向こうで結婚したと聞いている。

ただ彼女の場合、単に向こうで〝受ける顔〟をしていただけではないと思う。性格的にもアメリカが合っていて、だからあのように花開いたのである。水が合うというのだろうか。

メジャーリーグへ行って成功した、あの野茂《のも》の顔だって、日本にいた時とは明らかに変わっている。まぎれもなく〝花開いた〟ことを物語っている顔だ。日本では生まれなかった自信が芽ばえ、日本では何かとゆがめられてしまう実力が素直に発揮され、自分のいいところだけがぐんぐん伸びていった結果の顔だ。

それとほとんど同じことが、この女性にも言えると思う。じつは、つけた自信をバネにして飛躍的に伸びる要素をもっていたのに、日本では彼女の自信が芽吹くきっかけもなかったのだろう。彼女が一気にまくしたてた〝自慢〟も、突然のように巨大な自信を与えられてしまった自分を、どこか客観的に見ていて、そのままをみんなに伝えてしまっただけのような気がする。

最後には、そんな彼女の〝形のない成功〟を、なんとなくみんなで祝福してあげようという雰囲気に変わっていた。

男であれ女であれ、人が〝花開く〟のを見るのはいいものだ。自分が本当にいるべき場所を見つけて幸せになる人を見ると、なんだかこっちも勇気が湧いてくる。しかし逆を言えば、この世の中には、自分がいるべき場所にいないだけで、花開くことなく、つぼみのまま終わっていく人がじつはいっぱいいるのかもしれない……と少し悲しくもなった。

運命を自らの手で切りひらくとは、自分の本当の居場所を見つけることなのだ。そして、女が突然キレイになる瞬間は、まさしくその居場所を見つけた時なのかもしれないと思った。

16 ホクロを許せなかった女

もうみんなは忘れてしまっているだろうが、一時期の芸能界を揺《ゆ》るがした、ある女優の死。婚約者がいながら、元の恋人のマンションを〝自殺の場所〟に選んだことから、さまざまな憶測《おくそく》が流れ、死を前にした彼女の言動のことごとくがニュースとなった。その中に、こんな報道があったのを覚えている人もいるだろう。

彼女は、自殺する約半年前から数回にわたり、形成外科に通い、シミやホクロを消すレーザー治療を受けていた。これを芸能ニュースは「花嫁になる前に、完璧な美しさを手に入れたかったのだろう」と伝えた。担当医によれば、それは〝ふつうの女性ならわざわざ取るようなことはしないくらいの小さなホクロ〟だったという。その理由を、本人は「いいことがあるから」とうれしそうに言ったらしい。

確かに、〝ウエディングプラン〟の一環だったのかもしれない。でも、ほとんど見えないほどの小さなホクロさえ許せなかったところに、女にしかわからない苦悩が見てとれる。花嫁になるためというよりは、もっと切迫したものを感じるのだ。一体、誰のために、なんのために望んだ〝完璧〟だったのか!?

「キレイになりたい」という願望を、女なら失ってはいけないと私はなんども書いてきた。しかし逆に、その願望が度を超し、あまりに強すぎたとしたらどうだろう。〝美しくないこと〟を許せなくなり、〝美しくない部分〟を憎むようになったりはしないだろうか。そうなると、もう〝願望〟じゃない。「キレイになりたい病」とでも言うべき病気である。

けれども、誰でもがそうした病気の域に達してしまうものではない。病気の域に達する人は、まずなんらかの〝別の願望〟……たとえば、幸せになりたいとか誰かの愛を取りもどしたい、といった想いが非常に強い。そしてそれを叶えるために「キレイにならなければいけない」という病的な想いが生まれる。「そうだ、キレイになれば、それが叶うんだ」と思い込む。そういう妄想を抱くのが、いわゆる「キレイになりたい病」の特徴なのである。

確かに、何かの〝目的〟をもった時の女は、強い。「ともかく、キレイになるのが先」とばかりに、無心にキレイを目指すことができる。

もちろん、今年買った水着を着るために、いついつまでに何キロやせようとか、デートの前の晩は必ずパックをするとか、そういう美容はいい。それなりの効果はあるものだ。

　ところが、玉《たま》の輿《こし》にのろうとしたり、去った男を取りもどそうとする〝叶いそうもない目的〟が、実際、叶わないとなると、何を思ったか、突然「キレイになること」に目的達成の答えを見出してしまう場合は、つらい。それこそ「原因はここにあり」とばかりに、〝美しくない部分〟を憎んでしまうことになる。何かが叶わないことを〝美しくない部分〟のせいにして、それらをひとつずつ抹消《まつしよう》していくようになる。

　これはコワイ。もし、〝美しくない部分〟をすべて消し去っても、その目的が叶えられなかった時、どうするのだろう？

　結果的に死を選んだ女優が、このケースに当てはまるのかどうかはわからない。しかしもし、離れていった前の恋人の気持ちを、もう一度自分のほうに向けさせるために、このホクロがあってはダメなのだと、見えないほどのホクロをすべて消し去ったのだとしたら、やっぱりコワイ。そうやって生まれた色ムラひとつない肌の美しさは、悲しすぎやしないか。

〝完璧な美しさ〟を手に入れた女には、何か〝もの悲しさ〟を感じる……そう言った人がいた。それこそ死にもの狂いで〝美しくない部分〟を抹消し、ほとんど取りつかれたように、美しさをかき集めることで、ついに完璧な美を手にしてしまった女。本人は大満足なのかもしれない。なのに、それを見るものは、〝美しさ〟よりもむしろ〝痛々しさ〟を感じてしまうのである。

かなり前にちょっと話題になった、エリザベス・テイラー主演の「別離」という映画がある。昔は、美貌を誇った妻が、若い女の元へ走ろうとする夫の愛を取りもどすために、〝若返りの整形手術〟を受け、かつての美貌を見事に取りもどすが、結局、夫の愛はもどってこなかったという、思わず「あーあ」と言ってしまいたくなる皮肉なストーリーであった。

実際に、かつては〝世界一の美女〟と謳《うた》われたエリザベス・テイラーが、この役に扮したこと。特殊メイクによるものなのか、年老いてシワだらけになった顔が、〝手術後〟は息をのむほどの若さと美貌が甦《よみがえ》るという、生々しい映像。それが、この映画のテーマにこわいほどのリアリティを加えていた。

しかしもっとこわい〝現実〟を私たちは見せられた。整形で〝取りもどした美貌〟は、なんだか少しも美しくはなく、逆に胸がしめつけられるほど痛々しく悲しいものだったという現実。そして、夫の心がさらに遠ざかっていくという、あまりにも悲惨な現実であった。

私はこの映画を観た頃から、美しさは〝絶対〟ではない……と考えるようになる。美しさは、時に悲しさを孕《はら》むことも知る。そして、美しさに〝すがりつくこと〟の不幸を思った。

女はどこでそう思わされてしまうのか、いつの間にか「美しさは絶対である！」と思うようになる。実際に、美人がひとつの〝権力〟をもつ現実を、大人になるまでに何度か見せられてしまうこともあり、口ではそれを否定しながらも、「美しささえあれば、なんでも叶うのだ」という、大いなる錯覚におちいってしまうのだ。

でも、考えてみてほしい。ミス○○コンテストでも、完璧な美人は〝最終審査〟でだいたい落とされていくし、「なんで⁉ なんであの子のほうがいいの？ 私のほうが美人なのにさっ」みたいなことは、学校でもオフィスでもどんな場所でもじつによく起こる。

〝単に、美しいこと〟は、結局のところ何も叶えてはくれないのだ。〝得なこと〟はけっこうあったとしても、願いを叶えてはくれないのである。だから、叶うと信じて手段を選ばずに作りあげ、誰かの前に「さあ、どーお?」と突きつけてしまった美しさは、そこまで悲しいのである。

それにしても、彼女はなぜ死を選んだのだろう。願いが叶わなかったにせよ、最低でも「キレイ」は残る。エリザベス・テイラーが演じた〝妻〟も、結果として残った〝若さと美貌〟によって自然に切りひらかれていく次の人生を歩んでいった。『美しさは〝絶対〟ではないこと』を思い知らされながらも、やはり美の力を心のどこかで信じつづけた。だから生きていけたのだろう。

でも、そこで死を選んでしまう女性は、もともと「美しさが絶対だ」とは思っていない。つまり、願いが叶わなければ「キレイ」なんてもはやなんの役にもたたない、〝ただの形〟となる。だからあとは「死」しかなかったというのか?

ひとつ不思議なのは、彼女が〝ホクロを取ったから〟ではなくて、死に向かって、透き通るような美しさを増やしつづけたことである。私はそのことが気になり、テレビに映るいくつかのVTRを、頭の中で古い順に並べてみた。死に近づくほどに美しくなっていったのがよーくわかる。

元の恋人との〝熱愛発覚〟の時、肌が少しアレていた。一年後、ちょうど元の恋人と完全に〝破局〟していたかもしれない時期、肌のアレはなく、透明感が増していた。そして、今年に入ってからの映像を見てみると、透明感はさらに増し、過去にこんな美しいこの人を見たことがないというほど美しく、それは〝はかなげ〟なレベルに達していた。

〝ホクロをすべて取った〟ということ自体は痛々しい。しかし、彼女の姿を実際に見ると、エリザベス・テイラーの〝妻〟役に見るような痛々しさはまったく感じられないのだ。

結婚を控え、愛してくれる人がまわりにいっぱいいて、女優という仕事もある、一見、とても恵まれた人生。麻布の高級マンションに住み、シャネルを愛好し……と、一般の女性たちから見たら、「一体何が不満なの？」となるのかもしれない。

しかし、そういうものではない何かを求めてやまなかったから、この人は自ら命を絶った。その〝何か〟は、結婚でもお金でも名声でも、そして〝美しさ〟でもなかった。〝○○欲〟とかいう名前などつかないもの。何かもっと純粋なもの。だからこの人は、死に近づくにつれ、なかなか放てない透明な美しさを放ったのではなかったか。

　そう、この人の場合は、単なる「キレイになりたい病」ではなかったのだ。最初は、願いを叶えるために「キレイになること」に邁進《まいしん》する典型的な症状を見せていた。でも、たぶんどこかで、ホクロをすべて取ったあたりで、〝もっともっと大切なこと〟に気づいてしまったのである。キレイになることよりも大切なことに。

　とても残念なのは、精神が健康だったら、ここで「キレイになりたい病」を克服し、穏やかな人生を送れるはずだった。でも、やっぱりこの人は病的に〝次の目的〟である「もっと純粋なもの」を目指してしまったのだ。

　この人は〝まるで自分が付き人のように周囲の人に気をつかうような人〟だったという。たぶん純粋で繊細すぎるがゆえに、もっと純粋になるためにはもう〝死ぬ〟くらいしか残っていなかったのかもしれない。

　肉眼では見えないようなホクロを取るほど、〝完璧に汚れないこと〟を望んで、実際それが叶った時、「もっと！」と望んだら、それが〝死〟であったのだとしたら……。

　もちろん直接的には結びついていないけれども、〝汚れなさ〟という意味で〝完璧な美しさ〟と〝死〟は似ている。もしも彼女が執拗にホクロを取らなければ〝死〟にまでは到達しなかったかもしれないとも思う。

ホクロなんて別にあってもよかったのに。そこまで必死に取ることはなかったのに……。なんだかそのことが悔やまれて仕方がない。

〝完璧な美しさ〟を求めた女が、それをひとたび手に入れてしまうと、その人にはもう先がない。だから、女は〝完璧〟になっちゃいけないのだ。ホクロなんて、あってもぜんぜんいいのである。だって、もともと「美しさは絶対じゃない！」し、〝別の願い〟を叶えてはくれないのだから。

17 「キレイ」をダメにする事件

まれに、以前は美人だったのに、そうでなくなってしまう人がいる。単に、歳をとってしまった人については、後にまわすとして、ついこの間までキレイだったのに、〝あまりにも突然キレイでなくなってしまう二十代あるいは三十代〟の謎を解いてみようと思う。

昔、世の中にはなんでこんなに可愛い子がいるのだろう……と真剣に理由をさがしてしまうほど可愛かったあるタレント。その後、女優となって以来、ずっと切れ目なくテレビや雑誌に顔は出していたのに、つい最近テレビで見た時、ストンと何かが抜け落ちたように、〝なんでもない人〟になっていた。〝気の毒に……〟と思った。

彼女自身、そうなってしまったことに、もう気づいていて、それが演技にもチョコチョコ出るのである。申し訳なさそうな目……あれはぜったい、自分が〝大したことなくなってしまったこと〟への負い目の目である。そんなに卑下《ひげ》しなくってもいいのに。まだ〝演技派〟の道だって残されているんだから……しかし、ここで私はふと思う。

ちなみに、女優がキレイでなくなった時、男優がパワーをもたなくなった時、芸能人が光を放たなくなった時、いつもいつも〝同じこと〟を、ふと思うのだ。

そう、この人は〝いい人すぎた〟のだと。別に彼女を直接知っているわけじゃない。ただそういうものってなんとなくわかる。形に出るし、何よりも演技に出る。単にヘタというわけではないけれど、悪い人をやっても〝いい人〟が出てしまう、そういうふうに感じた人は、やがて決まって光を失うような気がするのだ。

すごく性格が良かったり、すごくまともな、頭のいい人だったりすると、〝人より抜きん出てることが仕事〟みたいな芸能界では、訳もなく、一歩引いてしまうに違いない。

〝引いたら終わり〟の世界である。自分を一ミリでも良く見せようという貪欲さがなければ、一般人と同じ光しか放てないのは当然だろう。もっとも、それが幸いしてスタッフに好かれ、いい仕事ができたりするのは、一般社会と同じ。だから光を失っても、彼らは仕事が続くのである。

特に二十代から三十代にさしかかるあたりで、〝いい人すぎる人〟はアブナい。ちょうど人として〝まとまってくる〟年齢だ。今までのキャリアも手伝って、よけいな理性が働いてしまうから、一歩引いてしまうのだろう。

ふつうなら、人間ができてきて、まっとうな判断力もつく頃。そういうものを前面に出してはやっていけない芸能界という世界、やっぱりコワイところである。

じゃあ一般社会ではどうなのか？　残念ながらこの世の中、どんな社会でも、そういうことが起こりうる。

中学生くらいの時に、学校のマドンナ的存在だった女の子。彼女は女生徒からの人気も高い、いわゆる〝いい人〟。しかし大人になるにつれ、しだいに輝きが失せていき、彼女がとりあえず生涯でいちばんキレイな年頃には、まったくふつうの人になっていた。なぜか？

彼女には、〝人よりも……〟という競争心も、〝私が！〟という自己顕示欲も、ミエもズルさも、ともかくそういう種類の感情がほとんどなかったからである。子供の頃は、素材がそのまま表に出るから、キレイで〝いい人〟は額面通り光り輝いてしまう。ところが、大人になると、他の大多数の女性が、〝人よりも……〟とか〝私が！〟という想いを大なり小なり持ち始めている。それに負けるのである。特に一般社会では、そういう感情を上手に包み隠しながら、傲慢《ごうまん》にもならずに人よりキレイになっていく人の勝ち。そこで、包み隠すべき負の感情を何も持たないほどに、〝いい人すぎてしまう女〟は、やっぱりキレイを減らすのだ。ただし、彼女がいくらいい人すぎても、生まれつきセンスが良かったり、単純にオシャレだったりすれば、キレイは順調に育っていくはずだった。でもかつてのマドンナにはそれもなかったから、〝私服〟を着るようになったとたん、まわりがメイクをするようになったとたん、キレイがダメになったのだ。

あまりにいい人すぎる上に、センスもなくオシャレでもない女は、少女時代にいくらキレイでも、大人になった瞬間、キレイと訣別する運命にあるのである。

「いい人にも程《ほど》がある」という言葉があるが、人間そこまで清らかすぎると、もともと歪みある社会を上手には渡っていけないでしょということなのかもしれない。人間なら誰でも持っている〝最低限の負の感情〟を、包み隠して社会に挑む頭の良さ。これが大切なのである。

言うまでもないが、まったく逆のケースもある。

別の三十代の女優。彼女も、一時期の美しさはかけらもなく、見ているほうが辛いが、こちらのほうは〝運も悪かったのね〟なんていう感想が出てきてしまう。というのも、もし彼女の家庭が幸せなら、持ち前の頭の良さで〝いい人〟っぽく振る舞っていられたはずなのだ。ところが、夫が不倫、そして離婚という、女としては最悪のコースをたどってしまったのだから深刻だ。傷つくだけ傷ついた上に望みを断ち切られた時、女の〝業《ごう》〟は、完全に顔に出る。〝やつれ〟ではなく明らかな〝業〟が、よりによって笑い顔などにまとわりつくものだから、よけいに目立つ。

彼女は少なくとも、〝いい人すぎる人〟ではない。芸能人としてはちょうどいい〝業〟と〝自己顕示欲《じこけんじよく》〟と、そして〝賢さ〟を持っていた人なのだろう。それがひとたび何かの事件がきっかけで、バランスを狂わされると、それらが〝負の形〟になって一気に顔に出てしまうのである。テレビの画面というものは、そこまで繊細《せんさい》に人の心の表情を映してしまうものなのである。

そして、この〝業〟を大きな画面で見せられた時に思った。女の〝業〟とは、女優の美形さえも、こっぱみじんにしてしまうほど、強力なものなのだと。一度目を覚ましてしまったら、美しさもやさしさも上品も色気も全部まとめてそっくり喰いつくしてしまうのだから。どんな人にもある〝業〟を、ともかくそっと眠らせておこう。女にとって、それはきわめて重要なことなのだから。

しゃべりすぎ、しゃべらなすぎの悲劇

一方で、こんなケースもあった。何かのコンテストで出てきたスタイル抜群のタレント。日本人離れした容姿は〝次世代美女〟という趣で、本当に輝いて見えた。

ところが彼女は突然しゃべり出す。こんなにしゃべるか？　というほどに。最初は、ああ頭のいい子なんだなと思う。しゃべれる美形……いいじゃないか。ところが彼女は、自分の意見をおそろしく理路整然としゃべりまくる。まわりがたじたじとなり、恐れ入りましたというまで、容赦《ようしゃ》なく。

その時、彼女の体から「キレイ」がスッと抜けていく気がした。しゃべれることはいい。特に自分の意見をハッキリとロジカルにしゃべれるのは、すばらしい。しかし、バラエティ番組で、ディベートしちゃうほどの〝望まれないしゃべりすぎ〟は、確実に「キレイ」をダメにしてしまう。容姿《ようし》はなんら変わっていないのに、私たちの目にはもう、それが「キレイ」には見えなくなってくるから不思議だ。

おそらく彼女自身も、もともとただの〝容姿タレント〟で終わろうとは思っていなかったのだろう。何かのコンテストも、〝単なる踏み台〟だったに違いない。だから、これでよかったのだ。

でも「キレイ」を残したままで、しゃべることだってできただろうに。そうしたら、彼女の「キレイ」はもっと輝き、彼女の「聡明さ」など光り輝いちゃったに違いない。

彼女はちょっと、まわりを見ずにしゃべりすぎた。だったら最初から、〝頭の良い人〟として登場すればよかったのに。そうしたら「なのに、あんなにキレイだなんて！」と尊敬されたはずだ。もったいないとつくづく思った。

もちろんこういう話にも、〝逆のケース〟が存在する。徹底的にしゃべれないと、これはまたこれで、ダメなのだ。〝しゃべらない〟のではなく〝しゃべれない〟女。これは「キレイ」がハッキリ無駄になる。

編集者たちの間でも、「あのタレントはしゃべらないから、インタビューは無理」と言われているタレントが何人かいるが、こういう場合、実際には二種類あるのだという。

ひとつは本当にインタビューが嫌いで、しゃべりたくないタレント。もうひとつは、何を訊いてもロクな答えができないので、事務所が〝しゃべらせない〟タレントである。

この後者のほうでありながら、トークショーなどにも一切出ずに、〝しゃべれないこと〟を隠しつづけて、十年以上も〝第一線〟に居つづけているタレントもいるという噂《うわさ》。

不思議である。しかし、〝しゃべれないこと〟が、何かの拍子にバレてしまった瞬間、そのタレントの「キレイ」は急激に色褪《あ》せていくのだろう。

話をするのは、人間としての基本の行為。話ができなきゃ〝始まらない〟というのは、「キレイになろうね」というテーマでも、同じなのである。

いい人すぎること。〝業〟が強すぎること。そして、しゃべりすぎること。しゃべらなすぎること。早い話が、何にしても〝すぎる〟のがいけないらしい。

ある女優にインタビューした時、その人の言葉に私は激しく納得した。

「結局、何かに偏った人は、〝命が短い〟わよね。だけど偏りがまったくないと、〝つまらない〟と言われる。ある程度まで特徴を出しながらも、行き過ぎないように途中で止める。これですよ。何も計算していないように見えたって、みんなそういう計算してるんです。それが仕事だから」

私たちも、そうなのかもしれない。〝バランス感覚が大事です〟と言ったって、完璧すぎるバランスは、〝無〟と同じ。少ーし偏りつつ、決して行きすぎない。「キレイ」をダメにしないコツはこれなのかもしれない。

18 恋して輝く女、くすむ女

三人の女がいたとする。そして、同時に〝恋愛〟を始めたとしよう。「女は恋をすると美しくなる」の証明みたいに、みんな輝くばかりに美しくなり、まさに甲乙つけがたい。〝仮に〟だが、一人を『A子』、二人めを『B子』、あとの一人を『C子』と名づけることにする。

A子は見ためが派手で、いわゆる〝遊んでいそうな〟タイプ。B子は、自我が強くプライドも高そうで、いわゆる〝誤解を受けそうな〟タイプ。そしてC子はどこから見ても、ただの〝明るく元気な女の子〟。ちなみに、この三人は、実在の人物（いずれもタレント）を想定し、実際の恋愛話をモデルにしてみた。

〝恋愛〟は決してひとつところに留まっていない。そして、その変化が〝女〟をくるくる変える。恋をして、ひとまずキレイになった三人の女が、その後の恋の進展具合でどうなっていくか、ここでシミュレートしてみたい。加えて変わりゆく三人の女を、周囲がどういう目で見ることになるのかも……。

A子が好きになった相手は、〝女好きで軽そうな男〟。派手な女と軽い男のカップルは、周囲からも軽んじられ、「どーせすぐ終わるよねー」なんて言われてた。

ところがである。あまりにも意外なことに、A子のほうは心底彼が好きらしく、ふがいない男を必死でかばいつつ、彼との結婚だけを心から望んだ。今どき珍しいくらいの〝純愛〟である。見ためのの派手さとのものすごいギャップは、〝尽くす女〟A子をよけいに〝けなげ〟に見せた。

〝デビルメイク〟を周囲にはやらせるほどのすっとんだ風貌から、〝あの子、好きになれない〟と言ってた人までが、A子って可愛いと言いはじめる。彼のほうは、浮気などをしっかりしながらも、「あんないい子はいない」と評価する。結果、A子の評判はうなぎ上り。彼の行動に胸を痛めたりしながらも、美しさに一層磨きがかかる。こちらの欲目か、どんどん〝いい女〟になっていく。〝派手な純愛女〟は、誰からも愛される、もっとも幸せな女となるようだ。

次にB子。釣り合いが取れているのかいないのか、よくわからない〝のんびり男〟を好きになり、男の仕事がうまくいくと「誰のおかげだと思ってんのよ」とうそぶくが、男のほうは彼女にもうメロメロ。人目もはばからない〝いちゃつき〟が大ヒンシュクを買い、あわやロメオとジュリエットか……となった時、「どうせ飛ばされていくなら（彼と）一緒のところに飛ばされたい」と、涙をポロリ。

この頃から、美しさは光り輝き、〝一見不遜《ふそん》、でも実際はけっこう純情〟という、アンバランスな魅力から、彼女の存在感はどんどん大きくなっていく。男を小馬鹿にして、次々捨てちゃいそうなのに、これが意外に一人の男を〝一途〟に恋する女だったりするものだから、これまた評判はじわじわ高まり、特に女の子の支持を得る。〝勝ち気な一途女〟は、なんだかんだ言われながらも、キレイになりつづけ、幸せへと進んでいった。

さて最後のC子。格式を重んじる世界の大物男と恋におち、最初はラブラブだったから、〝あの男が好きになった女〟として、期せずして周囲の注目を浴びてしまう。こうなると、女は必ずキレイになる。視線の集まる分だけ輝いて見える。〝結婚を夢みるふつうの女〟であったC子は一気に結婚へ……ということで、仕事も一気に減らして結婚準備へ。

ところが、周囲がなんとなくもっていた〝いやな予感〟が的中し、トントン拍子とはならずに、難航。男の周囲が〝相手に不満あり〟と口を出すうちに、当の男も冷めていったと思われる。

私たちは別れてはいないと言いはる彼女は、そうとうに痛々しく、こういう時の女からは、キレイがザザーと脱けていく。たとえば、ほとんど片想いの状態なのに〝結婚をじっと待ってしまう女〟に、世間はあまり同情しない。それどころか冷たくすらなる。なぜなら、彼女自身がどんどん魅力的でなくなっていってしまうから、やめたほうが身のためだよと、少々腹立たしくもなってしまうかららしい。

それこそもう、悪循環。輝きの失せた彼女のところに、男はもう戻らないだろうと周囲も思う。もう少し早い段階で、「ダメでした」と彼女のいつもの笑顔を見ていたとしたら、周囲は彼女を一生懸命守ろうとさえしただろうし、持ちまえの〝明るさ〟も本物の美しさに変わったはずなのに……。〝ふられそうになると強くなる女〟は、やっぱりキレイにはなれないのだ。

〝恋する美容〟の結末

どっちにしろ、恋愛は人の内面を浮き彫りにする。恋愛して女がキレイでなくなると、周囲は「男が悪いんじゃないの？」とか「いい恋愛してないんじゃないの？」などと言うが、本当にそうだろうか。男が良くても悪くても、キレイになる女はキレイになるし、なれない女はなれないのだ。一方、「いい恋愛」ができないのは、男のせいもあるが、女のせいもある。結局は、女自身の〝身のふり方〟しだいなんじゃないかと思うのだ。

単純に、女は愛されればキレイになる。だから、〝恋愛〟しはじめは、多かれ少なかれ相手の愛情を得るから、誰でもそこそこキレイになれるのだ。

ところが、何かの理由で思うように恋が進展しなくなる時、女はみんな変化する。これを〝彼が悪いから〟とか〝誰かが邪魔するから〟と何かのせいにすると、女はだいたいキレイじゃなくなる。

ここで挙げたA子の例は、周囲がどう反対しようと〝純愛〟を貫くわけだから、人のせいにしているヒマはない。彼が浮気をしても、まだ彼のせいにしない。まっすぐ彼を見つめつづける。まず、こういう時の〝一途さ〟は、なぜか女を透明に見せる。前向きに恋に悩む女に女性ホルモンは味方し、それで透明度が増すのだ。

ところが同じ〝一途〟でも、C子のように、最終的に周囲をすべて敵にまわしてしまうような〝一途な強情〟は、だいたいがつまずきそうな恋を修復できない。それでも頑《かたく》なになった時、必ずと言っていいほど顔が少しゆがんでくる。これは、ある種攻撃的かつ後ろ向きに恋に悩む女は、自分でも気づかないほどにストレスをため、それが形にまで出てしまうためと言われる。

ただし、難航してもB子のように、すべてがストレートにあっけらかんと出てしまう場合は、周囲に反対されて仮に孤立しても、人前で泣いちゃったりしてストレスを内に蓄積しない分、顔は変わらない。ほんのちょっとしたスタンスのとり方の違いが、ハッキリと顔に出る。それが女にとっての恋愛なのである。

ただ、恋愛による女の変化は、そこで終わりではない。不思議なことだが、すったもんだの上、想いを果たせなかった女は、その後美しさの面で見事に復活する。ところが、逆に想いを果たし、結婚などにまで至った女は、美しさを思ったよりも増やさない。減らしていくことすらある。これは一体どういうことなのだろう。

苦悩し、人まで恨んだ女は、その淵から抜け出ると、まるで憑《つ》きものが落ちたように晴々する。女を醜くしているカルマが消えると、体の中にひそんでいた美しさが外へ向かって一気に放出されるみたいなところがあるらしい。女は今〝失恋するとキレイになる〟のである。

一方、とりあえず〝恋を成就させた女〟の成長があまり見られない原因は、〝安心〟である。〝安心〟はある部分で人を美しくはするが、同時に美しくなるエネルギーを低下させたりもする。

それに、ハッピーエンドで終わるすべての恋愛小説に言えることだが、〝そのあとどうなるか?〟はあまり考えたくない。一生涯一点のくもりもなく幸せでありつづけるなんてことはあり得ないわけで、この場合の美しさのピークは、〝ジ・エンド〟の瞬間であり、そのあとは落ちていくばかりだったりする。

昔大ヒットしたメリル・ストリープとロバート・デ・ニーロの映画「恋におちて」も、続編はゼッタイ見たくないと言ってた人がいたけれど、あんなに大変な想いして一緒になったら、あとがコワイよねというわけだ。

しかしまあ、人生最後までわからない。ここでいうC子がいちばん輝いている時期もあるだろうし、やっぱりA子の勝ちとなるかもしれない。女のキレイは、身のふり方しだいで、一生死ぬまでゆれ動くのである。

19 キレイになりたくない女

直径にして三センチはあっただろう。彼女の頰のどまん中に、その大きなシミを見つけた時、私は「久しぶり！」というひと言さえ、しぼり出すことができなかった。

古い友だちである彼女と会うのは、約二年ぶり。昔からキレイな肌が印象的な人で、私が知っているのは、文字どおり〝シミひとつない白い肌〟だけ。だから、片頰をほとんどおおってしまうくらいに大きく、今まで見たことがないような鈍い灰色をしたそのシミは、彼女をまったくの別人にしていた。

わずか二年。たった二年で人はここまで変わってしまうものなのか。

もっともシミなんて、大きさには関係なく、一日あればできてしまう。そういうことではないのだ。そんな大きなシミを隠そうともせずに、二年ぶりの友だちと再会を果たせるような女性だったのか？　ということが問題なのだ。

本当なら、「わー、元気!?」と勢いよく駆け寄ってもいいくらいの設定である。なのに私は一メートルも離れたところで足が止まり、それ以上近づくことができなかった。

彼女も近づいてはこない。予想もしなかった、ぎごちない再会。ひとつのシミが、二人をこんなにも他人行儀にしてしまうとは！

そのまま近くのティールームに入り、私たちは向かい合う。私は努めてそのシミを見ないようにした。気がつかないふりもした。そして、なんとなく触れてはいけない気がして、彼女の二年間に起こったことを聞かないようにもしていた。だから、なんだか私が一方的にしゃべりまくっていたような気がする。

そんな時、「今も化粧品の記事とか書いてるの？」と彼女が聞く。

〝しめた！〟と思った。その瞬間まで見ないように聞かないように触れないようにしてきたシミのこと。でも私の頭の中は、会った瞬間からずっとそのことでいっぱいになっていた。

『シミなんてべつに誰にでもできるもの、あのくらいのシミ、たいしたことないじゃない？　隠さないのは、彼女の勝手。私がとやかく言うべきことじゃない……』

短時間の間に繰り返し自分にそう言いきかせたのに、彼女のそのひと言で、私はそれとは逆のことを口にしていた。

「あなた化粧品のことあまり興味がないから知らないと思うけど、今の化粧品ってけっこうよくできててね。シミも消えちゃうのよ。できたばっかりの新しいシミなら一ヵ月くらいで目立たなくはなるかな。シミ隠しだってなかなかいいのができたのよ。やってみる？　私が持ってる化粧品あげるからさ」

彼女自身のシミのことを言っているのだと、彼女が気づかないはずはなかった。ところが、「へえー、そうなんだ」と言ったきり、彼女は別の話をしはじめる。その時はもうすでに、『友だちの大きなシミを放っておくようじゃ、私は存在する価値もない』くらいに勝手に深刻になっていた私は、なおもしつこく言った。

「レーザー治療ってあってネ、今のは一回行けば、キレイに消えちゃうの。もう信じられないくらい簡単」

それでも乗ってこない彼女に対し、私はとうとう言ってしまった。

「そのシミいつできたの？　放っておくと本当に取れなくなるよ。もっと濃くなるよ」

言ったとたん、まずいと思った。彼女の表情が一気にこわばり、こわい顔になったのだ。案の定、彼女は信じられないことを口にする。

「シミがあったらいけないのかな。自然にできたものだから仕方がないじゃない。肌をいろいろいじくるのって私好きじゃないから。シミひとつで大騒ぎするのって、へンなんじゃない?」

何かで頭をなぐられたようだった。まず、穏やかな彼女がこんなふうに言葉を荒げて、人にくってかかるのを、十年以上付き合っていて初めて見た。愕然《がくぜん》とした。しかしもっとショックだったのは、まだ三十代の女が、顔にできた巨大なシミを悩みもせず、あえて放っておけるのだという事実だった。

編集者時代からずっと美容や化粧品に関わってきた中で、私が知っているのは「ともかく、キレイになりたいと願う女性たち」ばかりだった。やがて「キレイになりたいと願わない女なんて、この世にひとりもいないのだ」というふうにさえ思うようになっていた。

しかし、皮肉にもこんなに身近に、そうでない女が存在した。そのこと自体に、衝撃を受けた。恥ずかしくもあった。私はなんて傲慢な思いこみをしていたのだろう……と。

ただ、本当にそれでいいのだろうか。「キレイになりたい」と願わない女性が存在すること。しかも、自分の目の前に。

もちろん、姿形の美しさだけが〝美しさ〟ではないなんて、百も承知。そして、シミのあるなしなどは、さっき私が反芻《はんすう》したように、〝どうでもいいこと〟なのかもしれない。でも……と私は、立ちどまる。どうしても自分を納得させられない。

彼女は、昔から〝美人〟と周囲で呼ばれていた。すっきりした端正な顔だちを、私はうらやましくも思ったし、特にそのキメ細かい肌は、〝美肌のひと〟なんていう記事を書く時に、いつも頭にポッと思い浮かべる肌のひとつだった。

二十代の頃は、たくさんの男性に言いよられて、困っていたことも知っている。見た目よりも情熱的で、奥さんのいる男性と数年間〝純愛〟していたこともある。その当時の彼女は、女の目から見ても、本当に輝いていた。

しかし、三十を過ぎた頃から、たぶん彼女が本質的にそういうものを持っていたのだろう、〝禁欲的な〟というのか、〝女〟を表面に出さなくなった。年齢のせいもあるのだろうが、ちょうどこの頃、彼女の肌質が少し変わったことにも気づく。しかし、顔だちの美しさは相変わらずで、彼女は〝美人〟のまま三十代後半にさしかかる。

そして今、目の前にいる彼女は別人になった。大きなシミのある、〝美人〟ではない、ふつうの女に。シミばかりに気をとられていたが、服もおそろしく地味だし、髪だってワザとかと疑うほどに、老けた印象のショートになった。私は結局、こう聞かずにいられなかった。

「何かあったんじゃない？」

「〝何か〟って何？」

「あのカレ、どうした？」

「ぜーんぜん。もうそういうの、やめたの。面倒くさくって。時間のムダ」

のちに、共通の友人から聞いた話だが、じつはずっとつづいていた不倫の相手と、この一年前にすったもんだの末に別れ、相手の奥さんを交じえての修羅場《しゅらば》があったのだという。シミはほとんどその直後にできたものではないかということだった。

執念に近い恋を実らせることもなく、最悪の別れ方で終止符を打った彼女の心は、どんなにか傷ついたことだろう。そのシミは、心に負った傷があまりに深いがゆえに、そのまま肌に刻まれた傷あとなのかもしれなかった。そして、この一年傷はいやされることがなく、シミもよりハッキリした形を現すようになったのだろう。

その〝鈍い灰色〟を〝今まで見たことがないような色〟と思ったのも、それが外的な原因によるものじゃなく、心の悲しみが染みつくようにできたものだからではなかったか。

なのに私は、その傷にも傷あとにも、不用意に触れようとした。なんと浅はかだったのだろうと、あとになって思い悩む。しかし、その時の私は必死だった。そのシミさえなければ、服を着ることにも髪をつくることにも再び意味を感じ、再び輝き出すのではないかと、必死だったのだ。

結局、そのやりとりの最後を彼女はこうしめくくった。

「いいのよ、私はもう……」

まるで自分が不幸であることの刻印のように肌に刻まれたシミ。彼女がそれを消そうという気にならない限り、心の中から〝不幸の実感〟も消え去らないだろう。逆を言えば、消す気になるだけで、すぐさまなんらかの幸福感が訪れ、その時はまったく自然になんの苦労もなく、シミは消えていくに違いない。不幸のシミだけは、放っておいてはいけないのだ。

私はその後、もう一度彼女に会った。そして、レーザー治療で有名な病院の電話番号を書いたメモを「お願いだから、行ってみて」と無理矢理渡した。嫌われても、あきれられてもいいと思った。

でも私はその時ハッキリと見たのである。シミの話をしていて初めて「まったく、もう」という表情で彼女が笑ったのを。

　メモは丸めて捨てられるかもしれない。でも、彼女の〝不幸の刻印〟がすべての人やモノを拒む〝鉄のような刻印〟から、他人が触れることのできる〝人肌をした単なるシミ〟へと、変化を見せていることだけは確かだった。今日は、ともかくここまででいいわ……と思った。


「キレイになりたい」という気持ち。それは、女にとって「幸せになりたい」という気持ちと、かなり似ている。しかし、「キレイになりたくない」は「不幸でいいの」と、まったく同義語である気がする。

　だから女は「キレイになりたい」という気持ちを失ってはいけないのだ。「キレイ」も「幸せ」も両方放棄《ほうき》する女性が、この世にたったひとりでもいてはいけないのだ。私はこの時初めて、心の底からそう願ったのである。

STEP 4

「美しさ」は人生をこう変える

20 美人の人生は、本当に得か？

先日、ある雑誌の取材で、いきなりこう訊かれた。

「なぜ、女はキレイでなきゃいけないんでしょう？」

私は、とりあえずということで、とっさにこう答えた。

「キタナイより、キレイなほうが、やっぱり得だからでしょうねェ」

「なぜ得なんでしょう？」

私はさすがに言葉につまる。すると、たたみかけるように、今度はこう来た。

「じゃあ、いつから〝女性はキレイじゃなきゃいけない〟と思い始めたのでしょうか？」

この取材は、私が今のような仕事に就くようになった過程とか、私がしたいのは一体何なのか？　をさぐっていただくような内容だった。だから「女がキレイになるための〝美容〟が、何でそんなに重要なのか？」みたいな根本的なことを問い質《ただ》そうとしたのに違いない。

いつから？　私は自ら問い直し、小さい頃、子供ながらに感じた〝あること〟を思い出す。

いつかのオリンピックの時、それをテレビで見ていた母親と叔母が、こんな会話を始めた。

「やっぱり、キレイな人は得よねー」

テレビでは、プラチナブロンドをアップにした女っぽーい美人が、いわゆる「床運動」をやっていた。

現在の女子体操界は〝十六歳でもうオバン〟みたいに、ローティーンの、お肉がなく手足の長い女の子に牛耳《ぎゅうじ》られているが、当時はまだ〝大人の女〟がトップを競っていた。中でも、そのプラチナブロンド美人は、グラマラスでセクシーで、まるでハリウッド女優が、水着を着ているようにさえ見えたのだ。

そして、オリンピックは毎回決まって、一人か二人の大スターを生み出すが、その大会のスターはまぎれもなく、その美人だった。

定かではないが、その美人は、たぶん金メダルを取ったのだろう。キレイな上に、セクシーな上に、世界一になってしまうほど、体操がうまい。ホントすごいわねー、でも、金メダル取る人なんていっぱいいるのに、この人だけが大会のスターになっちゃうのは、やっぱり美人でセクシーだから。キレイな人ってやっぱり得よねーというわけだ。

女の世界には、昔からお互いを値《ね》踏《ぶ》みする上でのひとつの法則がある。

『あら、あの人、私より美人。私よりスタイルいい。でも、頭悪そー、人間としてはそう優れてないみたい』

誰が決めたわけでもないのに、『美人は頭がそんなに良くなく、性格も良くない』という一種の決めつけがあって、自分よりも美人を見た時、その〝根拠のない概念〟を持ち出しては、自分を安心させるようなところが女にはある。

しかし、そうした美人が金メダルを取ったりすると、もう手も足も何も出ない。おそれ入りましたとなってしまう。それがたとえスポーツでも、〝美人ということ以外〟で、美人がイチバンを取ったりすると、もう黙るしかないのだ。

そういう美人が金メダルを取れば、当然世間は他の人の十倍の拍手を送り、さらに彼女の美しさをいっそうほめたたえることになる。だから「美人は得よねー」という言葉になる。所詮《しょせん》は単なる視聴者でしかない女たちでさえ、そういう発想になるのだ。

しかしその数年後の、札幌で行われた冬季オリンピックでは、私自身、同様のことをハッキリ感じた。

若い世代は名前すら知らないだろうが、フィギュアスケートで〝銅メダル〟を取った、ジャネット・リンという選手がいた。彼女は〝金メダリスト〟でもないのに、その大会の圧倒的なスターとなる。

彼女の場合は、まだ十代後半で、決して「女の魅力」をムンムンさせているわけではなかったが、その代わりムチャクチャ可愛かった。スケーティングの間中たやすことのない微笑みとブロンドのショートボブのサラサラ髪が、風を受けて流れるようになびく姿に、誰もがうっとりし、感動し、そして絶賛した。日本中が彼女のファンとなった。

演技の途中、転倒してしまったものの、あまりに可愛いので〝天使の尻もち〟なんて言われてしまう。もう何をしても拍手を浴び、結果は銅メダルだったにもかかわらず、金メダリストよりもスターになる。確かその時金メダルを取ったのは、やたら体格のいい、そして愛想のない選手だったと思う。世の中、〝愛想のない金メダリストより、笑顔の可愛い銅メダリスト！〟なのである。

十代の多感な時期に、この決定的な事実を垣間見せられ、スポーツ界だろうが何だろうが変わらない〝普遍の法則〟に気づくのだ。同じことをしても、美人のほうがぜったいに得をする。女は結局、見た目なのだ！　ということに。

しかし、ここには大きな大きな落とし穴があることに、この時の私はまったく気づいていなかった。

かなり前のことになるが、何気なく見ていたドキュメンタリー番組か何かで、私は〝どこかで見たことのある顔〟にハッとする。小太りのその女性がふと見せた笑顔に、ピンときた。それは、あの札幌オリンピックの輝くスター、ジャネット・リンその人であった。

変わり果てた姿……そう言っては失礼だが、十年どころではない歳月は、彼女を想像以上に変えていた。年齢とは、やはり残酷なものである。あの当時〝ジャネット・リン・カット〟みたいなヘアスタイルの流行まで生んだブロンドのサラサラ髪は、髪の質まで変わったかに見えるほど、別のものになっていたし、当時やたら〝天使〟とか〝妖精〟とか呼ばれていた汚れのない美しさは、そっくりそのまま〝生活感〟に変わっていた。ただ、世界を魅了したあの〝笑顔〟の心地よさだけは、その時のままで、周囲からすれば、きっとじつに正しいトシのとり方をしたと言えるのだろう。

ともかく、彼女にしてみれば、〝笑顔のやさしいふつうのオバサン〟になっただけで、見も知らぬ日本人に〝変わり果てた姿〟などと言われるスジ合いは、まったくないはずだ。

たまたま十数年前に、その美しさで世界中の男を魅了し、世界中の女に夢を与えてしまったために、ちょっと歳をとって、ちょっと太ってしまっただけで、ここまで悪《あく》態《たい》をつかれてしまうとは！　スターにならなければそこまで言われずに済んだものを……。なんという〝損な役まわり〟だろう。

〝得する〟ということは、必ずその反対側に〝損〟がある。たとえば、バブルで大儲けした人ほど、バブル崩壊で抱えた負債も莫大だったり、また汚職に対する社会的制裁も、地位が高い人ほど巨大だったりすることに、世間は一種の快感を覚えたりするものだが、要は大きな得をした人は、ひとたび立場が変われば必ず完《かん》膚《ぷ》なきまでに打ちのめされるのが世の道理なのである。

このジャネット・リン自身は、多くの〝メダリスト〟たちと同じで、過去の栄光ともらったメダルを時々タンスから出してながめながら、後進の指導にあたるみたいなことで、充分満足なのだろう。しかし、それだけでは許さないのが、すなわち世間なのである。一世を風靡《ふうび》した人が、すっかりふつうの人になってしまったり、特に女の場合、美しい人が美しくなくなってしまった時に世間が与える制裁は、残酷なほど大きいのである。とりわけ、女が女に与える制裁が。

だからこそ、私はこう思う。美しさや可愛さで、少なからず人を魅了してしまった女性は、多かれ少なかれ、ある種の社会的責任を負うことになる。そして、その〝美しさの責任〟をきちんと果たさないといけない。ずっと人を魅了しつづけないといけないのだ。もちろん、そのためのなんらかの努力をしつづけなければならない。それが、美しさの責任を取ることだと思うのだ。

そして、責任を取らなければ、得した分だけどこかで損をする。昔はあんなに〝ちやほや〟されたのに、今は何？　みたいな没落気分も含めて、女なりの損をすることになってしまうのだ。

美しさの「責任」をどうとるか

でも、ひとりの女が美しさで人を魅了しつづけるなんてこと、果たして可能なの？

と思うだろう。容赦のない歳月に打ち勝つことなんて不可能だと思うかもしれない。
そう、若い頃〝美人女優〟と騒がれていた人が、五十代六十代になってどうなるか……
そこにその答えがある。

「あの人、昔はキレイだったのにネ」と言われてしまう〝元美人女優〟が多い中、美人のまま歳を重ねたのが、三田佳子であり野際陽子であったと思う。お二人とも、おそらくその年齢を知ったら誰もが腰を抜かすほど、若い。ほとんど奇跡と言っていい。しかし、この人たちは何も若返りの手術を繰り返していたわけではないのである。たぶん。

たとえば〝年々若くなる〟と言われた三田佳子。この人が家族のことでいろいろ、ある前に、あの年齢で〝CMの女王〟として君臨していた理由、わかるだろうか。

〝生活感〟はあまりないのに、生活場面に本当によく現れる。つまり、〝暮らしを美しくする空気〟をこの人は自らの体に宿らせたのだ。こんな母親がいる家庭は、何もかもが美しい……そう感じさせる美人の新しいポジションを確立させたのだ。女優としての、その努力と切り替えは、やはり並大抵なものではなかったはずだ。

単に庶民的な母親像ではなく、いそうでいない美しい母親像。それをつくった初めての人だから、「昔はあの人キレイだったのに」とは言われず「あの人はますますキレイ」と言われ、〝美人女優〟のままなのである。

一方の野際陽子は、もっとすごい。コメディからサイコ系のドラマでのアブナい母親役から、アニメに出てくる魔女風の女役まで、もうなんでもこなす。ちょっとヘンで、しかも美しくなくてはいけない役ばかり、誰にでもできるものじゃない。いや、この人にしかできないのかもしれない。

人のできない役を、ひょっとしたら女優のプライドも捨てないとできないかもしれない特異な役を、しかし美人であることもきちんと活用しながら、見事にこなすあの才能、その努力。しかも、決して一ヵ所にとどまることなく、つねに自分を変えつづけ、人を驚かせる勇気と行動力。そこに〝キレイどまりの女〟との果てしない差が生まれる。誰もが、この女性にはかなわないと思った。当然だろう。

この人たちが〝美人女優〟から〝大女優〟へと世間の呼び名が変わったのも、歳をとって〝美人〟とはとても言えなくなったから〝大〟をつけてごまかしているのではない。若さとは別の、新しい美しさの形をつくり上げたことに対する〝尊敬〟と〝称賛〟をこめての〝大〟だから、詳しくは〝大美人女優〟と呼ぶべきなのかもしれない。

そして、この二人の大美人女優こそ、女は生涯、美しさで人を魅了しつづけることが可能であることの〝生き証人〟。こんなふうに〝殿堂入り〟のレベルまで行ってしまった女性に、世間の女は惜しみなく拍手を送りつづけることだろう。単に〝得した女〟ではなく、きちんと美しさの責任を果たしてくれた人たちだからである。


仮に、ひとりの女が美しさや可愛さで、人の何倍も得をしたとしても、ふつうそれはほんの一時期で終わる。そして仮に、彼女がなんの努力もしないでいると、得した分だけ、損をする。〝美人は得をする〟と思いがちだが、〝ただの美人は得もするが、損もする〟が正解なのかもしれない。美人の人生は、けっこうしんどいものなのだ。

だから仮にもし、あなたがキレイになることに成功しても、そこが終着点ではない。やった！　という喜びもすぐ消えるし、周囲の称賛も大して長つづきはしない。なぜならばそれはむしろ、〝始まり〟だからである。

美しさはつづかなければ意味がない。そして、〝ひとつの美しさ〟の寿命は、宿命的にとても短い。だから、程良く形を変える。できるならば、その年齢に最適な、新しい美しさを確立しながら。それで初めて、美人は美人としての人生を全うできるのである。

そうそう、大事なことを忘れていた。大昔のオリンピックで、母親たちに「美人は得ねー」と言われていたあの美人選手。この人も数年前に、TVの画面に姿を現した。名前はチャスラフスカ。私は目を疑った。子供の時に見た〝遠い記憶の中〟の姿そのままで子供たちに体操を教えていたのだ。プラチナブロンドの髪も、グラマラスな肢体も、そのゴージャスな美しさも、ほとんどそのままで。

彼女はたぶん、女子体操界が失ってしまった「優雅な美しさ」というものを甦《よみがえ》らせ、後進に残すという新しい生きがいをもったのだろう。でなければ、ああいう形で美しさを残しているはずがない。ナレーターはこう語った。

「世界の頂点に立った女性は、やっぱり何かが違うのですね」

この人も、充分に〝責任〟を取り、そして私たち女にものすごい勇気を与えてくれたのである。

21 キレイになる職業のすすめ

「スチュワーデスって、なんでモテるんだろう？」

飛行機の機内。一緒に海外に行った女友だちが、〃飲み物サービス〃で前の席まで迫ってきているスチュワーデスをながめながら、ポツリと言った。

彼女はその昔、付き合っていた彼をスチュワーデスに取られたかもしれないという経験があって、それ以降〃スチュワーデス〃というワードに異常に反応し、飛行機に乗るたびにこの同じ言葉をポツリと言うのである。

「スチュワーデスだからモテるのかな？　それともモテる女がスチュワーデスになるのかな？」

と彼女は目前まで迫ってくるスチュワーデスを見上げて、小声ながらも言ってしまう。

「その両方じゃない？　だから人の倍モテるのよ」

と私は答える。私にもスチュワーデスの友だちがいるから、その〃もて方〃が尋常でないことは知っている。

「両方じゃない?」と言ったけれど、やはり七対三か八対二くらいで〝スチュワーデスだからもてる〟ほうの確率が高くなるのは、その〝尋常でないもて方〟に明らかだった。

こんな話を聞いたこともある。

自分の息子がスチュワーデスと結婚。ご近所や知人の家にあいさつまわりする時、〝嫁〟に対して「スチュワーデスの制服を着ていらっしゃい」と言った姑がいたんだとか。制服で街中をスタスタ歩いているスチュワーデスなど、それ自体が奇妙なことなのに。これはもう、医者、弁護士といった男のブランド職業以上の扱いで、未だにそうした価値観が存在してしまうことにびっくりした。

しかし逆に言えば、女が社会に進出すればするほど、世間は〝職業で女を見る〟ようになるのかもしれないわけで、こうしたスチュワーデス信仰は、なくなるどころか逆に盛りあがっていく可能性もある。

私の知人はふつうのOLで、だからいつの間にか〝OLがスチュワーデスに負けた〟というふうに、すべてを職業のせいにしていた。それって違うんじゃない? と言いたいところだが、ある種の真実も含まれていて、否定もできなかった。

じゃあ一体どうしろというのだろう。全員がスチュワーデスのような〝おいしいブランド職業〟につけるわけじゃなし。まして今や悲惨なほどの就職難。ただどんな仕事につくにせよ、女はせっかく仕事をするんなら、〝生活の糧《かて》〟以上に〝心の糧〟〝運命を良くする糧〟そして、〝キレイになる糧〟としての仕事をもつべきだと思うのだ。

もしもあなたが今、自分の仕事に不満をもっていたとしたら、すっぱりやめて仕事を変えるか、さもなければ自分の仕事を好きになるか、ふたつにひとつしかない気がする。でないと、女の場合は顔に出る。顔に不満やらストレスやら不幸やら妬《ねた》みつらみやらと、本当にいろんなものが出てしまう。そういうものをくっつけた顔で仕事をしていたら、その仕事を最後までつとめあげても、うれしい運命はやってこない。

今はもう死語と化している〝腰かけ〟という言葉があったように、昔の女の仕事は、今ほど女の運命を左右するものではなかった。しかし、今は女の体の中で長い間眠っていた〝仕事をする染色体〟がもりもりと元気になってきていて、逆に仕事が心身に与える影響も大きくなってきている。

女の場合、〝顔は鏡〟だから、そこに何もかもが映し出されてしまうのだ。そういう顔で生きていても、より良い運命が向こうからやってくる確率は低い。だからいっそのこと、違う顔のできる仕事を選ぶか、または、〝いい顔になるために仕事を好きになる〟以外ないというのである。

人の人生、そんな簡単な話で片づけないでよ、とみんな怒るかもしれない。でも、違うのだ。私が言いたいのは、仕事って片側だけから見ると、腹立たしいことずくめだけれど、もう一方の側からみると、けっこう美しかったりすばらしかったりするものなんだということ。とりあえず今は、それに気づいてほしいだけなのである。

〝もう一方の側〟とは何か。それは、自分のほうから自分を見ずに、他人の目で自分を見るということ。つまり、もし目に見えない誰かが、自分が仕事をしている姿の一部始終を見ていたとしたら……と考えてみるのだ。見ているのは、自分じゃない、あくまでも他の誰か。

ちょうど映画のワンシーンみたいに、遠くのカメラがあなたの仕事ぶりをキレイに撮っているような設定を考えてみたらいい。「コピー取りやお茶くみばかりなのに、そんなこと考えてたらバカみたい」なんて言う人がいたら許さない。そういう仕事こそ、他人の目で見た美しさがあるのだから。そうするうちに、不思議なことだが、必ず少しその仕事が好きになる。

ある人が言った。自分のところで働いている女性たちのふだんの言動について、今まであまり関心がなくて、こっちが忙しいから気にとめることもなかったのに、ある日突然、うちに〝すごい子〟がいることに気づいたと。なぜなら、雨が降ろうとヤリが降ろうと、自分がどんなに忙しかろうと落ち込んでいようと、朝の「おはようございます」と、誰かが帰ってきた時の「お帰りなさい、おつかれさまでした」は、いつも同じ、高く通るキレイな声で、ひたすら明るく言う女性が、たったひとりいたことに気づいたというのだ。

その瞬間、自分自身は朝も帰社した時も、口をモゴモゴさせるだけで黙って席についてたことを、死ぬほど恥ずかしく思ったのだという。と同時に、この職場って、今まで「最低」と思うことがあったけど、それ以降すっごくいい職場に思えてきた……というのである。この人は、ここで言う、〝もう一方の側〟の目で、ひとりの女性を見たのである。そう見たら、仕事が突然楽しくなってしまうほど、世界が違って見えたということなのだ。

〝仕事の自分〟は〝家にいる自分〟とは根本的に違う。違わなくてはいけない。常に正しく清らかで、美しい自分じゃなければいけない。なのに誰もが仕事に慣れてくると、家で勝手なこと言って、だらしない格好で、親にガミガミ文句を言われている自分と、〝まったく同じ自分〟になってしまうのだ。でも仕事場なんて所詮は理不尽なことだらけ。いやな上司や、いじわるな同僚がいても、〝家にいる自分〟のまま関わっていたら、自分が醜《みにく》くなるばかり。

だから、自分を体ごと〝仕事モード〟にすっかり切り替えるのだ。そこでもし、あなたを題材にドキュメンタリー映画でもつくっていると考えることができたら、上司や同僚のいかなる嫌な言葉にも、「そうですね」「わかりました」とほとんど無意識にあなただけ〝大人〟のカッコいい対応ができるはず。だってその時のあなたは、ともかく清く正しく美しく仕事をする人なのだから。

そうやって毎日を過ごすうちに、ある時、突然気がつくだろう。私はなんと成長したのだろう、私ってなんてすばらしい女性なんだろうと。すかさず鏡を見てほしい。顔だって見違えるほどキレイで輝いちゃっているはずだ。

もうわかったはず。そう、仕事はそういうふうに利用するものなのだ。自分が向上し、キレイになるために、目いっぱい利用するものなのだ。そうやって自分を成長させてくれるのだから、この仕事もまんざら悪くない。けっこう好きかもしれない……なんて思えるだろう。思えたらこっちのもの。その仕事は、さらにますますあなたをキレイにすばらしくしてくれる。

スチュワーデスがキレイな本当の理由

そもそも私がそのことに気づいたのは、いろんな職業の女性を日常的に見ていて、同じ職業でも、ものすごくキレイに見える女性とそうでない女性がいることが目についたからだった。

彼女たちの誰もが、まさか自分のことを誰かがじっと見ているなんて夢にも思わなかっただろう。でも私は、病院に行っても、買い物に行っても、何をしても、その職場で働くキレイな女性をさがす。必ずいるキレイな人、そして必ずいるキレイじゃない人。その差は結局のところ、仕事を好きでやってるか否かの差であることにも気づいていた。

仕事先の受付で、いつも心からの「こんにちは」を言ってくれる女性。やはり仕事先のオフィスで、いつも満面の笑顔でお茶を出してくれる女性。

先日乗った飛行機で、同じ言葉を言っても断然心がこもっていたスチュワーデス。

家族で行った串揚げ屋さんで、店を出たとたん、一家全員で「あの子ほんとうに感じがよかったねー」と口をそろえてしまったお店の若い女の子。

以前かかっていた病院で、見ると心が清々しくなり、病気が少し回復しちゃう看護婦さん。

よく行くブティックで、本気でお客に似合う服をさがそうとして店中をかけ廻っていた女性スタッフ。

スポーツクラブで、真っ先に名前を覚えて、顔が見えると「ア、○○さん」と弾む声で言うフロントの女性。

ホテルのラウンジで、長居する私に、何度となく水やコーヒーのおかわりを持ってきてくれて、彼女が席に来るたびになぜだかホッとできた女性。

時々電話を入れる先で「もしもし」の声を聞くたびに、ものすごく心地よく、幸せな気持ちになってしまう女性……。

みんなみんな、すばらしくキレイな女性だった。たった一度しか見ていなくても、その顔はハッキリと覚えている。彼女たちの仕事ぶりを、一部始終見ていたから。そして、その仕事ぶりもじつに美しかった。お茶ひとつ淹れるにも、見事にキレイだったから、忘れようにも忘れられない。

つまり、そこなのだ。私が見ないふりをして彼女たちを見ていたことを、本人たちは知らない。でも、自分じゃない〝他の誰か〟が、こっそりと自分を見ていることは、現にありうるのだ。そして、あなたにも起こりうるのだ。たとえ、まわりに誰もいなくても、そういう意識で美しく仕事をしていれば、いつか必ず誰かがそれを見つけるのだ。

今ここでズラリと挙げた女性たちも、心の底ではその仕事が好きじゃないのかもしれない。でも、仕事場では全身を〝仕事する自分〟に切り替え、ちょっとずつ好きになっていることにも、気づきはじめているかもしれない。それでも、美しさはこちらにビンビン伝わってくるものなのである。彼女たちにはたぶん、〝より良い運命〟が待っていることだろう。

「わかった！」

と私は突然声をあげそうになる。例の機内。友だちは、まだスチュワーデスにこだわっていた。

「スチュワーデスがモテる本当のワケ、わかった。確かに、〝ブランド好き〟の男や姑はそれだけでスチュワーデスはエライと思ってるんだけど、彼女たちがもし他の職業の女性よりも平均的にキレイですばらしいとしたら、それは国際線なら十時間もそれ以上も、何百人の目がずっと自分たちの仕事ぶりをかぶりつきでながめているからなんじゃないかな。いやでも、キレイな仕事ぶりになっていくし、いやでも楽しそうな仕事ぶりになっていくでしょ。だからなんだ」

私は勝手に納得して、そうまくしたてた。OLが負けるとしたら、そこだけ。自分の仕事ぶりが何人に何時間見られるか、そこだけの差。それにスチュワーデスは、飛行機降りても制服を脱いでも、なんとなく〝スチュワーデスであるという誇り〟は着たまま。だからずっと〝他の誰かに見られてる〟という意識ももったまま。そして彼女たちは、その仕事を百パーセント利用してぐんぐんキレイになってきた。スチュワーデスは、私のさっきの提案が、昔から自《おのず》と徹底している職業であるにすぎないのかもしれない。

誇り。仕事への誇り。さあ、どーお？　私の仕事を見てちょうだいと言える誇り。

結局はそこなのだ。人に見られてキレイになれるのは、別に芸能人だけじゃない。OLだって誰だって、美しく仕事をすれば、ぐんぐんキレイになれるのである。

22 〝魔性の女〟になりたい人へ

女には「どうしても勝てない女」というのがいる。特定の誰々が誰々に勝てない……というのではなく、女性の意識の中には、潜在的に「どうやってもかなわない」姿なき女が住みついているのだ。それが、世にいう〝魔性の女〟なのである。

「あなたは〝魔性の女〟ですか？」

と、いきなり訊かれたとしたら、どうだろう。ハイと答える人は、たぶんいないはずだ。

「さあ、どうかしら？」と曖昧《あいまい》に答えるのが精一杯。

しかし「断じて、そんなことはございません」とムキになると、それはそれでかえって変。なぜなら、〝魔性の女〟は、女として決して正しくはなく、間違ってもほめられることではないのだが、〝魔性の女〟だと言われると、まったく悪い気はしない。まるで、相当ほめられている気さえしてしまう……女にとっても、文字どおり奇々怪々《ききかいかい》な存在なのである。

たとえば、最近の〝魔性の女〟として有名なのが、某俳優と某女優を離婚にまで至らしめ、数年後、電撃結婚ののち、たちまち離婚。また世間を騒がせた、若手と言われている、女優。彼女の場合、単に目が大きく黒目がちなために、放っておいてもいつも目がウルウルして見えるだけなのかもしれないのに「さすがは魔性の女、あの濡れた瞳が男を誘うのだろう」などと言われ、遺伝だろうし、若いから当たりまえと言えば当たりまえなのに、そのキメ細かく白い肌を指して「なるほど、ああいう肌を〝魔性の肌〟って言うんでしょうね」などと噂される。意図して目をうるませているわけでもないし、本人にはなんの悪気もないから、「魔性の女？ ぜんぜんそんなことありませんよ」と、彼女は答える。そりゃそうだ。

でも、それって、〝魅力のかたまり〟ってこと？ とも取れる〝魔性〟の物的証拠さがし、このご本人だって決して悪い気はしないのじゃないかと、女はついつい下衆《げす》のカングリをしてしまう。

不倫をすれば全員〝魔性の女〟という批判的レッテルを貼られるかというと、決してそうじゃない。それは私たちもちゃんとわかってる。かと言って、ただひたすら美しいことが魔性なのではないことも知っている。じゃあ魔性とは一体何なのか？

男がすべてをなげうっても、その存在を欲しいと望むほどの魅力……そうとしか言えない。それ以上はどうとも説明のつかないもの。だからこそ「どうしても勝てない」という発想になるのかもしれない。

もう少し発想を飛躍させれば、〝どうしてもかなわない姿なき存在〟に勝つには、自分自身が〝魔性の女〟になるしかないんじゃないかしら？　といったような意識さえ芽ばえるだろう。何たって〝魅力の固まり〟なんだから、目指しちゃってもいいんじゃない？

誰にも言えないけれど、じつは多くの女性が〝魔性の女〟願望を隠しもっている。みんな秘かに、〝魔性の女〟と言われたいと願っている……そんな気がしてならないのだ。

以前に、雑誌の編集者から「〝魔性メイク〟の定義って、できるかしら。何か書けますか？」と振られた。魔性メイクねエ、面白いかもと、原稿を受けたものの、実際に何か形にしようとすると、これが異様に難しい。

アイラインを目尻できつめにはね上げたら、単なる魔女だし、肌を青白く仕上げて真紅の口紅じゃあ、アダムスファミリーのお母さん、目を一日中うるませておく目薬なんかもない。

「笑わないこと」も違うし、「曖昧な表現が大事」と言ったって、なんのことやらわからない。

恥ずかしながら、私はやっと気がついた。〝魔性の女〟などはなろうとしてなれるものではぜったいなく、まして形から入るなんて、ひっくり返っても無理。百歩譲って、〝気品〟は装えても〝魔性〟だけは装えない。装えば装うほど、滑稽《こっけい》になる。まったく形がなく、魔性の女が百人いてもわずかな共通点さえないのが〝魔性の女〟であり、つかみどころも手がかりも何もないからこそ、男が魂まで奪われてしまうのである。

繰り返し言うが、じゃあ一体、〝魔性の女〟とは何なのか。

以前「〝魔性の女〟につかまった」とかなんとか言っていたことのある男性に聞いてみた。

「結果的に、男を不幸にする女」

とは彼の即答。

「じゃあ、単に〝悪い女〟ってこと?」

「周囲は、その男を心配して〝あの女は悪い女だからヤメとけ〟とか言うけれど、自分にとっては〝いい女〟なんだよ。夢中の時は」

「でも、幸せにはなれないわけだ」

「ぜったいハッピーエンドにはならない。だってウチのカミさん〝魔性の女〟でさ、料理うまくて、よく気がついてさア、なんて話は聞いたことないもの」

「じゃあ、〝魔性の女〟とは結婚しない?」

「しても、ぜったいすぐ別れる。冷静になると、なんであんな女にあれほど夢中になったのかって思うわけだよ、だいたいの場合」

「じゃあ、"魔性の女"は家事が下手で、妻にはしたくないってこと」

「そうじゃない。ヤツらはけっこう尽くしたりもする。ただ、気がつくと、自分がぜったいバカ見てる」

「それって、結局自分がバカを見たことの言い訳なんじゃない? 男の言い訳」

「それそれ、それなんだよ。言い訳なんだよ」

〝つまらない女に引っかかってバカを見た〟と言うより〝魔性の女に引っかかって自分

を見失った〟と言ったほうがカッコイイし、自分が救われるってことだと彼は言うのだ。

以前「男を自殺にまで追い込んだ〝魔性の女〟」と週刊誌がさんざん騒いだ事件があったが、その女性を〝魔性の女〟と呼んだのは、自殺して亡くなった男性へのせめてものレクイエムではなかったか。そうだとすれば、〝魔性の女〟などは、男たちが自らを、あるいは同じ境遇の男たちを精神的に救うための恋愛用語のひとつにすぎない。しかも、「本当はつまらなく、ロクでもない、悪い女」の別称にすぎないのである。

そんな女になるための〝魔性メイク〟なんて、まったくもってバカげている。〝魔性の女〟願望なんて、早いとこ捨ててしまおう。私はそういう結論を出したのだった。

でも……と私はさらに、その男性に尋ねた。

「そうは言っても男はやっぱり〝魔性の女〟に夢中になるわけよね。やっぱり〝魔性〟には惹かれちゃうわけだ？」

「〝魔性〟はないより、あったほうがいい」

「つまり、バカを見ることがわかっていても、ハマりたくなるってこと？」

「いやそうじゃない。〝魔性の女〟はヤバイと思うんだから、〝魔性〟そのものじゃなく、〝魔性性《ましょうせい》〟が男は好きなんだよね」

「〝魔性性〟ね。それって色気ってこと？」

「いや色気は色気だ。魔性性は魔性性」

さあ、ますますややこしくなった。せっかく〝魔性の女〟願望を捨てた私たちに、〝魔性性〟という新たな課題がのしかかる。

本当はそうじゃないのに、そう見えること、それっぽいこと自体が魅力……〝魔性性〟のあとの〝性〟はそういう意味なわけだが、ここで私はふと気づく、『男の〝不良性〟みたいなものかも……』と。

女は本モノの不良には惹かれない。わざわざ〝不良〟とは付き合わない。でも多くの女が「〝不良っぽさ〟みたいなものをどこかに持っている男に惹かれちゃうのよね、ワタシ」なんて言うように、表面にぶら下げているのではなく、どこかに隠しもっている〝不良性〟に、女はことのほか弱い。

ちょっとだけアブナそうで、自分の思うままにならなそう。でも、付き合ってみると、根っから不良ではもちろんなく、ある意味でまっとうな男の中に、ちょうどよく〝悪っぽさ〟が入っている。簡単に言えばこれは、「単なるまじめ一方の男じゃつまらない」ということだけど、男の言う〝魔性性〟とは、これに近いことなのかもしれない。

単なるまじめ一方の、折り目正しく清潔すぎる女じゃ、つまらない。そういうことだとすれば、なるほどそのとおりかもしれない。

何年か前、化粧品メーカーがプロモーションのメイクアップテーマとして「アンビバレント」という哲学用語を挙げた。相対する性質を共存させるという意味をもつ言葉である。一方、あるフランスのメーカーは「天使と悪魔、女はふたつの顔をもつ」といったテーマを掲げている。

そう言えば、女性用香水のほとんどが、そうした二面性ある女性を、その香りがイメージした〝女性像〟に選び、〝清楚なのにセクシー〟とか、〝クールなのに情熱的〟といったアンビバレントな魅力をうたってきている。香りがその二面性にこだわるのも、すなわち〝この香りは、まったく平べったくない、あくまで奥ゆきある香りなのです〟と主張したいためだと思う。

香りは、言わば目に見えないからこそ、そうした〝奥ゆき〟がもっとも重要な要素となるわけだが、世の中における美の基準も、一面的な美しさではなく、そうした二面性をもつ美しさ、そして目に見えない奥の深さみたいなものへと、大きく動いていることに、私たちは気づかないといけないのだ。単に〝可愛い〟とか、〝女らしい〟とか、もっと単純に〝美しい〟といった一面的な評価を狙っていたのではダメなのかもしれない。

そういう意味で言えば、〝魔性性〟とは、〝正しくまじめで完璧なもの〟の足をちょっとだけ引っぱってしまう正しくないベクトルであると、なんとなく定義づけることもできるだろう。そして、そのバランスこそ〝人を魅きつける魅力〟の定義。まさにいい香りのごとく、目に見えない奥行きをもつ女になろうじゃないか。

ところで、人を不幸にする〝魔性の女〟自身の運命はどうなっていくのか。ちょっと気になるところではある。

件《くだん》の〝魔性の女〟評論家氏はこうオチをつけてくれた。

あの離婚夫婦と〝魔性の女〟の三角関係で言えば、本当の〝魔性の女〟は、あの若手女優ではなく、妻のほうではなかったかと。結婚までさせるほど男を惹きつけておいて、でも実際には男を不幸にしてしまったのだからと。男たちの都合のいい定義づけにのっとれば、〝魔性の女〟である以上、女は決して幸せにはなれないらしく、〝若手〟のほうは、次の恋人を見つけて明るくやっているが、妻のほうはなんとなく幸せではなさそうに見える。だから、〝魔性〟は妻のほうだったのだと言い切るのだ。

いずれにしても、あとに〝性〟のつかない〝魔性の女〟は、私たち女が考えるほど、楽しくもオトクなことでもなさそうである。

私たちはいつも「こんな女になりたい」という、漠然とした夢をもっている。明確に「誰かになりたい」と思う場合も少なくない。特に九〇年代は、スーパーモデルやアムラーから始まって、トモラーだのマツラーだのといった〝なりたい族〟が次々に出没した。

女が成長する過程で〝この人になりたい〟〝あの人になりたい〟と、具体的な女の像を真似ていくのは、そう悪いことではないのかもしれない。子供の成長なんて、すべて親の真似にかかっているのだし、キレイの成長も、キレイな人の真似から始まるのだから。

しかし、私は今まで、〝なりきり〟に成功した人で、仮に〝あの人〟にいくらカタチ的に似てきても、〝あの人〟を超えることはもちろん、キレイになった人を一人も見たことはない。

雑誌でも〝こんな女になりたい〟〝あんな女になりたい〟みたいな記事は昔からの定番だったが、それで〝なった人〟はあまり見たことがないし、当人がなったつもりでも、やっぱりキレイに魅力的になった人は見たことがない。

少なくとも今、「魔性の女」になっても無駄……ということはわかった。そして、なりたくてもなれないことも知った。おそらく、世の中に存在する〝○○な女〟のすべてもそうなのである。〝○○な女〟を懸命に装うことは、自分の本質にある別の〝○○な女〟を否定することであり、そうなると、人はどんどん偏っていく。アブナく、おかしく、そして悲しい存在に見えていく。だからもう、そういう願望は捨ててしまおう。

それよりも、キレイになれるずっといい方法がある。「魔性」でも「知的」でも「セクシー」でも「可憐」でも「なごみ」でも「クール」でも、なんでもいい。〝○○な女〟の○○の部分の形容詞に〝性〟をつけて、それらを片っぱしから、できるだけたくさんもつことだ。

つまり〝性〟がついているということは、それっぽいほどほどのところ……という意味。どっちかに偏らず、いろんな形容詞をほどほどにもっているということ。〝魔性〟性もあり、〝知的〟性もあって、〝可憐〟性ももっているのに〝クール〟性もある……カッコイイじゃないか。

そういうふうにたくさんの〝性〟を一度にもち合わせることで、人はバランスがとれていく。そう、これがすなわち、人としての女としての〝センス〟なのではなかろうか。

「付き合っている時は一瞬〝魔性の女〟かと思ったんだけど、結婚してみたら、これがいい女房で、料理もうまくてサ。女って、わかんないよなー」

そんなふうに言われる女を、今めざしてみてはどうだろう。

23 女が生涯かけてすべきこと

社会派のある評論家が「シルビイ・ギエムこそ世界でもっとも美しい女性である」と発言したのを知った。

私はちょっとした衝撃を受けた。それって、ものすごく正しい！　と思ったのだ。そして昔、「世界一美しいのは美智子サマ（もちろん今の皇后陛下）だ」と口グセのように言っていた大学生がいたこととか、なぜか「マリア・カラスこそ世界一美しい」と主張する中年がいたことも、ハッキリと思い出す。

世界一美しい女性は、マリリン・モンローだ、いやオードリー・ヘップバーンだなんて言われた時代もあったわけだし、ナオミ・キャンベルだ、ヘレナ・クリステンセンだとかいう議論の仕方もあったけれど、それとは根本的に意味が違うのだ。

シルビイ・ギエムとは、言わずと知れた世界的バレリーナ。〝百年に一人出るか出ないか〟というテクニックは、弱冠十九歳で、パリ、オペラ座のエトワールとなるという、〝最年少記録〟を生み、その後、「もっと自由に踊りたい」とオペラ座を離れ、世界有数のバレエ団とジョイントすることになった時、当時のフランス政府に「国家の歴史的損失」と言わせたほどの天才バレリーナである。

そのギエムの舞台を初めて観た時、もう十年以上も前のことになるが、その時私は、ほとんど目を疑ったのだった。

「人間の体って、こんなにも美しいものだったのか？」

彼女が踊る「ボレロ」を観た人は多いと思う。そして、観た人なら私が言うことが決して大げさではないことを知っているはずだ。私はその十数分間、身じろぎひとつ、瞬《まばた》きひとつできなかった気さえする。瞬きなどしているヒマなんかないくらい、その体は激しく人を惹きつけた。

ご存知のように「ボレロ」は一本のフルートから始まる主旋律が、何度となく繰り返され、そのたびに徐々に徐々に楽器が増えていくだけの、かなり特異な曲で、舞踊もオーケストレーションの拡大に合わせて、激しくなっていく。

もともとのつくりが、徐々に徐々にその世界に惹きこまれていく〝仕掛け〟なのだが、ギエムの体は冒頭から、私たちのテンションを最高レベルまで引き上げ、そこからさらにもっと上へもっと上へと、私たちを引き上げていくのだから、それこそ瞬きなどしていたヒマはない。

私は、目を大きく見開き、その肢体を凝視したまま、涙がポロポロ、いやボトボト落ちてくるという、非常に珍しい体験をした。それはもう、感動などというナマ易しいものではない。フィナーレの瞬間に、脳と心臓にエクスタシーを感じてしまうほど……と言えるだろうか。

筋肉の一本一本までの躍動がハッキリ見える体、毛先の一本一本までが生きているように舞う長い髪。何が脚で何が腕で何が顔かさえもうわからなくなってしまうほど、激しくも美しい身のこなし。

その卓抜したテクニックは、アクロバティックで人間味がないと言う批評家もいるが、人間技とは思えないからこそ、人間はそれを見て鳥肌がたつ。

しかも、無駄な肉はおそらく一グラムもなく、手脚は美しさの限界まで長い。何よりも、表現力の凄まじさ。彼女が白鳥をやると、本当に白鳥に見える、とはよく言われることだが、凝視した私の目から、涙がボトボト落ちるのも、その人間離れした表現力のためなのである。完全なる体と神業《かみわざ》的な動き、そして人知を超えた表現力。

だから、〝世界でもっとも美しい女性は誰か？〟というなら、私も迷わず、シルビイ・

ギエムと答えるだろう。ひとりの女性が、体全部をつかって、というより体以外は何も使わずに創造する美しさに、世界中の他人がここまで魅了されてしまうのだから、これ以上の美しさなんて世の中にない。……かの評論家氏も、それを言いたかったのではなかろうか。

そしてマリア・カラスこそ世界一と言った中年も、今世紀最高の美貌のオペラ歌手の体から響きわたる声に、人としての究極の美しさを見てしまったのだろうと思う。しかし、こうやって自分の体そのものから生まれてくる芸術で、大衆を一度に魅了し、〝世界一〟とか〝この世でいちばん〟とか言われる幸せとは、一体どんなものなのだろう。

子供の頃、私は人並みに「学校の先生になりたい」とか「看護婦さんかお医者さんになるの」とか言っていたらしいが、大人になってから、本当に心から悔やんだのは「ああ、なぜ私はオペラ歌手ではないんだろう」「なぜ私はバレリーナではないんだろう」ということだった。冗談ではなく、いい大人になってから本気でそう思ったのだ。

もちろん、なれっこない。そういう才能ってものがあったら、きっと子供の時のどこかの時期に自分でそれに気づいていたはずだ。手相を見る占い師になった女性が、物心つくかつかないかの頃にもう〝人の手〟に異常に興味を示し、手のひらばかり見ていたのだという話を聞いたことがあるが、人はよほど特殊な環境にいない限り、自分の才能に関するインスピレーションをどこかで受けて、自然にその才能を磨きあげていくものだと、私は信じる。

であるならば、私がオペラ歌手とかバレリーナになれることは、万が一にもないのだが、何がそれほど悔やまれるのかと言えば、自分の体が本能のおもむくままに創造していくもので、人を涙ながらに感動させ、そして自分自身も人以上に感動し、細胞分裂を最高潮に高めながらそれを創造している仕事。世の中にそんな幸せな仕事はない。どうせ仕事をもつなら、なぜそういう仕事じゃなかったのだろうかと悔やまれたのである。

少なくとも、自分自身の体の創造物が、わずかでも人を感動させる……そういう人になぜなれなかったのだろうという空しさなのである。

だから、別にオペラやバレエじゃなくたってかまわないのだ。あの有森裕子のように、美しく走ることだって、人をあれだけ感動させられるし、「生まれて初めて自分をほめたいと思った」という名言どおり、彼女自身はもっと感動したに違いない。

〝自分の感動〟が〝人の感動〟になること。しかも人をなんらかの〝美しさ〟で感動させられること。女にとって、やはりこれ以上の幸せはないのである。

〝三次元の美しさ〟は〝四次元の美しさ〟には勝てない

でも自分は、走れない。歌えないし踊れない。私も同じだが、そういうふうに失望してしまう人もいるかもしれない。じゃあ〝美智子皇后〟が世界一美しいという意味は一体何なのか？

それが口グセだった男性は、その理由を「阿弥陀如来《あみだにょらい》のようなお顔と身のこなし」と言った。ただその人がそこにいるだけで、半径数キロ四方の空気が和らぎ、人の心が優しくなるような、神々しいほどの面だちと体の動き。世の中にあれ以上キレイなものはない。皇室に入ったから、そうなったのではなく、一般人のままであってもそれは変わらない。半径数キロは無理でも、半径数十メートルくらいの空気は変えられたと思う……というようなことを言っていた。

なるほど、〝あの方〟の美しさは、姿形《すがたかたち》の〝たっとい美しさ〟はもちろんなのだが、むしろその〝動き〟によって、私たちの心をいつの間にか浄化してしまうようなところがある。写真を見ても感じない〝有難さ〟を、「皇室アルバム」などで見る動く映像には、びんびん感じる。明らかに、〝あの方〟の全身の流れるような動きから醸《かも》し出される空気の清らかさに、浄化されるのである。

皇室の方はもともと、チャカチャカ忙しく動いたりはしない。でも、紀子さまのういういしくもぎこちないスローモーとはまた違う、美智子皇后の体の動き。そこには、ひとつひとつのアクションに、ていねいすぎるほどの心を込め、それを見る人のひとりひとりに、何だかわからないが、国民への愛みたいなものを訴えようとしている〝一生懸命〟が見える。それが美しいのだ。それが人を感動させるのだ。

私たちが間違えやすいのも、まさにそこ。人の美しさは、〝静止〟した状態では測れない。お見合い写真が大ウソなのもそのためで、人は動いてみなくちゃ、素敵かどうか、美しいかどうかなんて、わかりゃしないのである。

以前『ロスチャイルド家のマナー』という本の中に、こんな一節を見つけて、ドキッとしたことがある。

テーブルに置かれたティーカップをどこまでもていねいに美しく手に取れること。

誰も見ていない自分の部屋で、ひとりお茶を飲む時に、そうできること……。人が本当にエレガントであるとは、そういうことだというのである。

さあ、自分はどうだろう。自分の部屋でひとりお茶を飲む時は、ティーカップを〝むんず〟とワシづかみにし、乱暴にあつかっているから、外出先でウェッジウッドのティーカップなどが出てくると、それを持つ手が何ともぎこちなくなってしまう。それじゃあ、いくら鏡の中のメイクがうまくいってもダメなのだ。

指先を軽くのばして、スーッと美しくモノを取る。それには、モノに対して〝いつくしむ心〟がないとダメ。どんなモノでも、大切に思う気持ちがないと、あらゆる仕草には、心が宿らないというのだ。

この話は、とてつもなく深い意味を持っていると思った。誰が見ていようがいまいが、自分を取りまくすべてのモノへ愛情を注ぐこと。それだけで、その人は「なんて美しく生きている人だろう」と言われるはずだ。身のこなしがキレイだと、〝生きていること〟それ自体が美しく見える。人が美しいとは、そういうことを指すのじゃないか。

やがてそれが完全に身についた時、いくら歳をとっていようが、その人は全身の美しい動きで人をハッとさせることができるのだ。一朝一夕には身につかない、でも一生ものの美しさである。

以前から、〝何だかキレイな人だなあ〟とずっと憧れていた女性がいる。その人と食事をした。なぜ私が憧れつづけていたのかが、その時ハッキリわかった。ナプキンをはらりと扱い、グラスを繊細にもち、ナイフとフォークを品よくさばく指先。合間合間に、さり気なく見せる仕草の美しさ。二時間ほどの時間を、私は何だかうっとり過ごした。その人が食事をしている〝美しい風景〟をながめながら。女性が美しいとは、つまりこういうことなのだと確信しながら。

美しさには、明らかに二つある。ひとつは一瞬の、〝静止〟したままの美しさ。〝三次元〟の美しさと言ってもいい。そしてもうひとつは、〝四次元〟の美しさ。人が体の動きによって、時間の経過とともに、美しさを増やしていく美しさ。その究極が、シルビイ・ギエムであり美智子さまなのだ。つまり、二つの美しさは格が違う。〝三次元〟の美しさは〝四次元〟の美しさにはぜったい勝てないのである。

走れなくても、歌えなくても、そして踊れなくてもいい。女は、〝美しく生きている姿〟そのもので、人を心地よくさせたり、感動させることだってできる。だから、一瞬一瞬の身のこなしや仕草のすべてに、心を込めてみよう。「こうすると、形がキレイに見えるかも……」ではなくて、目に入るものすべてを〝いつくしむ〟こと。すると自然に、美智子さまになれる。周囲の人の心を優しくしたり、清らかにしたりする空気がつくれてしまう。それは、ひょっとして女が一生かけてもやり遂げるべきことなのではないか。

私自身の目下のテーマも、じつはそのこと。オペラ歌手やバレリーナになるくらい、それって貴いことかも……なんて最近思ったりしているのである。

24 履歴書と面接

時々、私の事務所にもいきなり履歴書が送られてくる。「そちらのような仕事がしてみたい」という内容の手紙もついている。私は初めてその種の郵便物が届いた時、送り主の〝勇気〟に少し驚いた。自分には、きっとできない。一生できずに終わるだろう。こういう勇気があったら、自分の一生ももっと違ったものになったかも……なんて、いろいろ思いながらも、結局面接することもなく、その勇気ある応募を断った。

なぜなら若い女性のその気合と実行力に圧倒されたのだ。こういうことのできる女性を、私がまがりなりにもオフィスの代表として使いこなすことはできないだろうと、密かに判断したのである。

しかしその後、何通もたてつづけに履歴書が舞いこんでくるようになる。こういうことは、今の女性たちにとって、ふつうのことなのか？　募集もしていない会社でも、めぼしいところがあれば、履歴書を送りつけるのは当たりまえのことなのか？　私はあらためて〝第一通め〟から今日届いた分までの履歴書を、机の上に並べてみた。

確かに、経歴はいたってふつう。一見〝どこにでもいそうなふつうのお嬢さん〟をうかがわせる内容だった。別に、人より特別に度胸があったり大胆そうなわけでもなく、またズケズケものを言いそうでもない女性たちばかり。

しかし私はハッとした。履歴書に貼ってある写真の口もと。そして履歴書に書かれた文字。そこに、見事なまでの共通点があったのである。

〝真一文字〟と言っては失礼だろうが、口もとがスッと引きしまっている。ふつう、いわゆる履歴写真を撮る時、緊張で目は誰でもコワクなるものだ。口もとだって、緊張する。でも、そういうことではなくて、口もとに〝人としての強さ〟がにじみ出ているのだ。もし口もとだけなら、単なる偶然と見すごしていたかもしれないが、直筆の文字を同時に見たことで、それは偶然ではすまされないものとなる。

それらの文字は、妙に似ていた。角ばった男っぽい字というわけでもなく、どちらかと言えば女性っぽい。しかしそれでも強いのだ。女性の書く字、特有の強さというのだろうか、それは、送り主たちの〝自信〟を物語っていた。わたしは、あなたのところできっとすごい仕事をします、そういう人間です、という自信。考えすぎかもしれないが、ある種の覚悟で書いた履歴書には、そういうものがハッキリと出ていても少しも不思議ではない。

今度は〝自信〟に圧倒された。こんなに、デキそうな女性を、私ごときが指導できるはずがない。そんなたいそうな仕事でもないし、私なんか打ち負かされてしまうのがオチ……と考えた私は、それらの〝自信に満ちた応募〟を断っていた。


履歴書を書く人間と、履歴書を見る人間。そこには単純に、ものすごい立場の開きがあるように感じるのが、ふつうである。使われる人と、使う人、お金をもらう人と払う人。そして、ふつうの人とエライ人……そこまでの開きがあるように。

私だって若い頃、履歴書を書く時は、〝大いなる未知の敵〟に挑むような気がして、いつもビビッた。何度となく書き損じ、どうしてもうまく書けないのでいっそ応募をやめちまおうかなんて思ったことすらある。履歴書一枚書けないために、それがいかに小さくても夢を捨てるなんてバカげているが、まさに、「たかが履歴書、されど履歴書」なのだ。自分の夢を託し、脅威《きょうい》さえ覚える相手に、〝自分の分身〟として渡される一枚の紙。その一枚を間にはさんだ、こちら側とあちら側では、格も何もまったく違う人間がいると思って、当たりまえなのだ。

でも、それは間違っている。まったく違う。〝履歴書を見る人間〟になって私は初めて気がついた。書く人間と、見る人間。そこには、最初から大した違いなどなかったのである。

ちゃんとした企業のトップの人間や、大企業の優秀な人事担当などはそりゃあ別だろうけれど、〝見る人間〟のほうが〝書く人間〟よりずっと優れていて、だから〝書く人間〟を紙一枚で評価できるというのは、もともと大きなカン違いなのである。〝見る人間〟には私のように、若い女性の勇気や自信に圧倒されて、後ずさりしてしまう程度の人間も、じつはたくさんいるんじゃないだろうか。

しかも、この場合はたまたま〝自主的な応募〟だったから、たまたまそこに〝自信〟という共通点が見つかっただけ。〝ただの履歴書〟で、人の一体何がわかるというのだろう。その後、人手が足りなくなって、やむにやまれずいわゆる『とらばーゆ』みたいな就職情報誌に〝告知〟を出してみたことがあった。

うちのような小さなオフィスでも、女子大生の就職難も手伝ってか、予想をはるかに超える応募があった。またも、履歴書の山。この時点で十人程に絞りこもうと考えたものの、もともとアシスタント的なポジションを考えていたから、〝未経験〟であってもなんら問題なく、〝経歴〟の記述は、正直言ってあまり役にもたたなかった。

学歴もあり、仕事のキャリアもきちんと積んでいる応募者もいたが、彼女たちにとっては、このポジションはあまりに不足だろうな……とか、さもなければ家が遠い人は通勤がたいへんだろうな……くらいのことを思った以外、〝経歴〟とかデータはなんの判断基準にもならなかった。ハッキリ言えば何をどう選んでいいのか、まったくわからなくなっていたのである。

そこで私は〝顔〟を見た。以前のように、口もとなどで何かがわかるかもしれないと思ったのだ。しかし今度の場合は、共通点はそう簡単には見当たらない。今回は単に〝新しい仕事先〟をさがしている人が大半だろうから、そんな共通点などなくて当たりまえなのだが、それでも〝顔〟はやっぱり何かをいつも語っているものなのだ。

履歴書を束にして、〝顔〟の写真だけをパラパラと続けて見た。すると、ハッキリ見えたのである。バランスというものが。

これは、顔だちのバランスのことを言っているのではない。顔だちの均整がとれているかどうかではなく、精神の均衡が保たれているかどうかが、〝顔〟にハッキリ出ている……そう思ったのだ。

ある女性カメラマンがこう言っていたのを思い出す。

「女優やタレントを撮影する時、ふつうに見ていたのでは見えないことが、カメラのレンズを通すと、バッチリ見えちゃうのよね。女は特に見える。彼女がどういう人か、いやでも見えちゃうの。たとえばそれまで愛想をふりまいていた人が、レンズを通したら急にいじわるな人になってしまうとかね。そういう女性は、どう撮っていいかわからなくなる。特に写真があがってから、自分の気にいった写真がなくて、選べなくなるんですよ。不思議でしょ？」

昔の人は、カメラに写される時〝魂を奪われる〟と言ったそうだが、カメラの前で人は思わず本性を出してしまうようなところがあるのだろう。

まして履歴書用写真は、とりあえず正しい自分に写ろうとする。笑顔をつくらずに、正しく写ろうとする。ともかく表情なしで、ちゃんと写ろうとするわけだから、精神が少しでも歪んでいたりすれば、それがよけい形に出てしまう……ありうることだ。

しかも、見る〝顔〟がひとつならば、バランスの良し悪しは判断しづらいが、一度につづけて何人もの〝顔〟を見れば、バランスの良し悪しは一目瞭然。

うまく言えないけれども、それは目もと口もととの〝力関係〟に表れる。ふたつのパーツがお互いを高め合いながら、笑っていなくても〝良い表情〟をつくっている顔。あるいはどちらのパーツも落ちつきはらっておさまりよく、おだやかな表情をつくっている顔。これには、見た瞬間バランスの良さを感じる。

しかし、ふたつのパーツが、ちょうど〝ソリが合わないものどうしが狭いところに押し込まれている〟ように、ケンカしそうな顔。あるいは、どちらか一方しか視線に入ってこないほど、片方が強い顔。これには一目でバランスの悪さを感じてしまうのだ。もっとよく見ると、顔だちがキレイとか個性的とか、そういうことが気になってきてしまうから、まさに〝パッと見〟が勝負なのである。

というわけで、少なくとも今の時期、その写真を撮った時に、目立って心が安定していた人。それが、ひとつの〝基準〟になった。そして、約十名に絞って〝面接〟をすることにした。

自己アピールを超えるもの

しかし、これまた私には〝分不相応〟の立場であることを、その時いやというほど思い知る。

「ひと目見れば、ひとこと言葉をかわせばその人がだいたいわかる」

これが私の持論だった。私だって、それなりにたくさんの人に会ってきているし、三分話せば、だいたいのことは判断できるわよと、たかをくくっていたのだ。しかし、話しても話しても確信が得られない。履歴書用写真の〝顔〟の見方は、間違っていなかったようで、十名ともじつに心のバランスのとれた女性だった。だから、選べなくなってしまったのである。

バランスがとれていることだけが共通で、あとはそれぞれバラバラの個性がある。それが話をすればするほど、〝ひとりの女性〟として長い間に育て磨きあげてきた魅力ある人格として、私に迫ってくるわけだから、それこそポンとハンコを押すように、「ハイ、この人採用」「この人不採用」なんて片づけられるはずがない。何しろ、多かれ少なかれ、みんな自分の人生の一部をそこに賭けてきているのだ。

その想いがどんどん私の上に重くのしかかってくる。なぜ私は〝一般公募〟なんていう、大それたことをしてしまったのか？　私はハッキリ後悔しはじめる。やがて、五、六人めに会った頃は、もうすっかり脱け出したくなっている。

人には、人の数だけ魅力ってものがあるんだと、この時ほどそれを痛感したことはない。そして、それぞれが必ず持っている魅力を、たとえ〝アシスタント募集〟という名のもとにも、他人が評価したり、順位づけしたり、はたまた「採用、不採用」なんて決められるものではないのだということを思い知ったのだ。

私は、心底このうちの何人もに、いや全員にでも「採用」を告げたかった。しかし一人を選ばなければならない。全員が帰ったあとも、うじうじと思い悩む。そしてハッとあることに気づく。

「じゃあ、のちほど連絡しますので……」と彼女たちを見送った時の光景である。

ほとんどの女性に、まだ続く緊張と、面接を終えた安堵感とがない交ぜになった複雑な表情が見られる。そんな中、「では、失礼いたします」と一礼して、背を向けかけたのに、忘れものでもしたかのように、ハッと再びこちらを向いて「ど、どうもありがとうございました」と、もう一度深々とおじぎをした女性がいたのだ。

その初々しさと素直さ、一生懸命さは、その時たまたま最後の決め手となり、私はその女性を採用することに決めたのだった。

結果的に、一人数十分を割《さ》いた面接も、なんの役にもたたなかったことになる。まして、履歴書には何も書いていないのと同じこと。人の人生において〝履歴〟って一体何なのだろう。

いまさら、「学歴や経歴で人は決められない」などと言うつもりはない。しかし、すべての女性には、それこそ甲乙つけがたい魅力が見事に備わっていて、それがどんなものであるかは履歴書なんかにはみじんも書いていないし、型どおりの面接では、見えるものじゃない。だいたいが、それを判断できる人間だって多くはない。私のように、戸惑うばかりの人間は少なくないのだ。

アメリカには〝人権〟の問題からか、〝履歴書〟に当たるものはない。〝身上〟を見せる義務はないのだ。その代わり自己アピールはいくらでもできる。そして、履歴書用写真に当たる〝生身の姿〟と〝言葉や意見〟で、人は判断される。そういう社会にならない限り、ひとりひとりの女性の魅力や才能はおそらく正しく評価されないのである。

日本の社会は、ありあまる女性の魅力と才能を、みすみす無駄にしていっているような気がして、妙に腹が立ってきた。そして、たとえ積極的に自己アピールしようとしても、つまりいきなり履歴書を送るような手段に出ても、おじけづいてしまう（たとえば私のような）人間がいる社会では、やっぱり女性の才能は埋もれてしまう。

女性の魅力と才能がありあまる国。ここ日本で、あなたは今、何をすべきなのだろう。

私は考えた……。少なくとも、私の場合の採用の決め手は、精神のバランスの良さを示す顔と、そして、別れぎわの「あいさつ」の一言であった。

どうかもう一度再認識してほしい。顔とあいさつ。そのふたつが、〝自己アピール〟よりも勝ってしまう事実がここにあることを。

STEP 5

幸せを呼ぶ美容法

25 〝前向き〟とは一体何なのか？

ひとつの結論を言おう。最強の美容法は、やはり〝前向き〟である。化粧水一本、口紅一本使うにも、〝前向き〟な人が勝つ。これは女が美容をつづける限り、変わることのない事実なのである。

でも、〝前向き〟とはそもそも一体何なのか？

「〝前向き〟なんて〝なれ〟って言われてなれるものじゃない」と言った人がいたが、まったくそのとおり。誰も好きこのんで、〝後ろ向き〟になるわけじゃない。いつも〝後ろ向きな人〟にしてみれば、「生まれつきそうなんだからしようがないじゃない」……というわけだ。

学生の頃の話。女三人で渋谷を歩いていると、同年代の男の子が声をかけてくる。いわゆるナンパよりは、もう少し品がいい。好青年ふうのその彼が「ボクたちもあと二人いるんですけど、一緒にお茶でもいかがですか？」といった具合に、古臭いくらいていねいに言うものだから、一見これはナンパではない？　と錯覚してしまうのだが、よく考えれば、ナンパ以外の何ものでもなかったし、おそらく男三人で、賭《かけ》でもして、『負けたヤツはなんでもいいから女三人組を十分以内にナンパしてくること』みたいなルールになっていたのだろう。しかし、彼はセーケツ感あるスポーツマンタイプ。惑わされるところではあったのだ。

この時の私達三人の反応が面白かった。A子は「エー、どこで待ってるんですか？　私達もちょうどお茶しようとしていたところだし、いいですよ。ねー、いいよね？」と何に捉《とら》われることもなく、あっけらかんと言った。

こういう場面で「エー、みんながいいなら私もかまわないけどー」みたいに、じつはとっても行きたいのに自分じゃ意思表示せず、〝当事者〟であることを逃れようとする人間が必ずいるものだが、私自身はまったくこのタイプで、「みんながいいなら、いいけどー」と、お決まりのせりふをはいた。

ところがもうひとりのB子は、憮然《ぶぜん》たる表情で、「私はいかない」と低い声でひとことだけ言うと、そっぽを向いた。私達二人は、何もそんなに怒らなくってもいいじゃない……と思ったが、「じゃあ、やめとく？」みたいな空気が流れる。

当然、男の子は喰い下がる。しかしあくまで爽やかで紳士的だったし、彼の持っているスポーツバッグの隅っこのほうに、KEIO UNIV.のロゴが入っているのを、私達二人は見落としてはいなかった。

「ねえ、別にお茶だけならいいじゃない。どうせヒマなんだし」

とA子がB子に言う。

「A子たちだけ行けばいいじゃない。私は帰るから」

「そんなこと言わずに、行こっ」

こういうやり取りが始まると、どうしても〝傍観者〟になってしまうのが、私のタイプ。形勢が変わったら、どちらにでも転べるように、ニュートラルな立場を取るのが、このタイプの悪しき特徴なのである。

で、結局行くことになる。A子はもうその彼と仲良しになり、彼が待ち合わせしていた二人の男の子たちと合流したあとも、A子は主役でありつづけた。そしてB子は最後まで〝不機嫌〟であることを私達にチラチラとアピールしていたものの、時々楽しそうな表情になるのを隠せなかった。

彼らと別れたあと、当然のように彼らの印象を言い合うわけだが、全員とまんべんなく会話をしていたA子は、「ねー、みんないい人だったよね」と言った。しかし、B子は案の定、あとに会った二人を「○○クンは何考えてんだかわからないへんな子だったし、△△クンはなんだか軽くてお調子もので、ああいうのは好きになれない」と反論した。

同じように話をしていても見る側の受け止め方で、人の印象はずいぶん変わるものだなと、私はそのことのほうが面白かった。

ところが意外なことに結果として、いちばんハマッたのはB子だった。あとからわかったのは、最初に一人の男の子が声をかけてきた時、あの時点でB子は彼に〝一目ぼれ〟をしていたのである。しかし彼はA子が気に入ったらしく、二人が連絡を取り合うことで、いわゆる軽いグループ交際が始まる。かくして、B子は〝片思い〟に以後一年間ほど悩み苦しむことになるのである。

ここに〝前向き〟と〝後ろ向き〟の典型的な事例を見ることができると思う。なんのこだわりもなく、誘いを受け入れ、誰とでもたちまち仲良くなり、しかし執着はしないA子。これに対し、じつは〝一目ぼれ〟さえしておきながら、それを素直に表現できないまま、否定的になりまくり、強い執着のもと、悩み苦しむことになったB子。どちらが〝前向き〟か、そしてどっちが得かは、火を見るより明らかだろう。

こういう対比を見たのは、この時だけではなかった。私達三人組は、その後一緒に香港旅行へ行くが、A子の〝前向き〟と、B子の〝後ろ向き〟は、行く先々で、ことあるごとに正反対の反応を見せていた。

同じ部屋に泊まっても、A子は「広くて気持ちいい」と言い、B子は「でも、その割に窓が小さいし、眺めが悪いから圧迫感がある」と言う。

観光客の来ない英語も通じないようなレストランに入ってしまった時も、A子は「地元の人しか来ないような店のほうが、おいしいわよ」と言い、B子は「おいしい店はいっぱいあるのに、わざわざ汚い店に入る私達って変わってる……」と言った。

いわゆる女人街に行けば、ブランド好きのA子が「これが一ドル、これが三ドルだって！」と、〝安モノ買い〟に狂喜乱舞していたのに対し、B子は「しかし見事に、粗悪品の山ね」とつぶやいた。

A子はすべてのものを肯定し、B子は同じものをことごとく否定した。たぶんB子も、私達と同じように香港を楽しんでいたのだろう。でも、「そんなにつまらない？」

と聞きたくなるほど、彼女はモノやコトに対して、すぐ背を向けた。

ホテルでたまたま言葉を交わした日本人の女の子二人組と親しく会話し、偶然共通の知人がいたことを知ったA子は、思わず「今夜一緒に食事しない？」と言ってしまう。B子はもちろん嫌がった。私自身も、多少面倒と思いながら、旅なんだから〝袖ふり合うも他生の縁〟とか言いながら、A子の提案に従った。結局B子はこなかった。

この時を境に、B子はなんとなく孤立し、A子を避けるようになる。しかしA子は、B子のそういう気持ちに気づいた気配もない。それがまたB子を〝後ろ向き〟にしていったのである。

二人とも今は、子供もいる専業主婦。一見同じように見える環境にありながらも、その境遇の受け止め方は、相も変わらず、〝前〟と〝後ろ〟、ハッキリ逆を向いている。

それによれば、A子は「それなりに幸せ」で、B子は「少しもいいことなんてない」。こういう見方は、今後もずっとずっとつづくのだろう。それはそれでいいのだが、気になったのは、二人の〝見た目〟の若さの違いである。

A子は二十代後半と言っても信じられるほど若く、昔のままというよりは、トシより大人っぽく見えた昔より、むしろ可愛らしさが増していて、〝いいとこの若奥様〟というイメージそのものだった。

しかしB子は〝年相応〟に老けていて、同い年の私にしてみれば〝自分の年齢〟はふつう放っておくと、このくらい人生に疲れた雰囲気を醸《かも》し出してしまうのだなと思い知らされた。そして、〝前向き〟と〝後ろ向き〟の差は、結果として、すべて〝外見〟に現れることを、この二人の女性は決定的にしたのだった。

A子を見る限り、〝前向き〟とはやはり天性のもの。そしてB子を見る限り、〝後ろ向き〟も残念ながら生まれつきのもののようである。二人にとってそれは宿命みたいなもので、他の選択はできないのだ。

しかし、この二人ほど〝前〟か〝後ろ〟かが、ハッキリしている例はむしろ少ない。多くの人はたぶんこの私のように、〝前向き〟にもなれば〝後ろ向き〟にもなってしまう、どっちつかずのところにいるのではないだろうか。

でも、私はそれでいいのだと思う。そのほうがいいのだと思う。

前と後ろ、二つの目を持ちたい

どんなモノにも、またどんなコトにも、前と後ろ、表と裏、両面からの見方がある。

そして〝どっちつかずの人〟は、その両面から見る目を持っている。これってじつは〝人付き合い〟の上で、とても大事なことではないかと思うのだ。

天性の〝前向き〟を持ったA子。私は彼女をものすごく羨《うらや》ましいと思ったし、自分もあゝいうふうになれたら……と、彼女の〝モノの見方〟を何度も真似た。でも、生まれつきじゃないから、時々どうしても〝後ろ向き〟になる。でも、だから、B子の気持ちもよくわかった。天性の〝後ろ向き〟の人の気持ちが。

まったく逆の方向、百八十度逆の方向を向いていたA子とB子は、お互い魅かれ合いながらも、お互いの見方がまったく理解できず、しだいに離れていった。直接的な原因は、〝KEIOの彼〟の件にあった気もするが、それだって、お互いの判断があまりに違いすぎたために、A子は気づかずにB子をさんざん傷つけた。

その件に限らず、A子はB子を知らず知らず傷つけ、B子はB子で、A子にことごとく反発してきた。二人ともに、まったく悪気はないのに……である。

私はこのことから、〝前向きすぎること〟のコワさも知ったのである。

バブルの時代、世の中には「前向きたれ！」の特大シュプレヒコールが巻き起こり、私自身も、美容の最大のコツは「前向きであること」なんて、さんざん訴えてきた。

そして事実、〝前向きな人〟はあらゆる場面で、優位に立っている。

ただ、持ちまえの〝前向き〟で脇目もふらずに、がんがんキレイになっていく人を見た時、本当はいささかの疑問を持ったのは確かなのである。

「ちょっとやな奴ほど、ぐんぐんキレイになるの、あれ一体なんで？」

ある女性がこう言った。それまで〝キレイな人＝心もキレイな人〟という単純明快な図式だけを信じてきた私に、その言葉は大きな大きな課題を投げかけた。確かに、世の中よーく見てみれば、ちょっとやな奴ほど、見事にキレイになっていく事例が少なくない。

A子は、とてもイイ人。でも、B子から見ると、時々〝鼻持ちならないやな奴〟に見えたかもしれない。だって、前しか向かずに、後ろを向く人をまったく無視し、一刀両断にすべてを前から斬りまくってきたのだから。その時、〝前〟しか向かない、〝前向きすぎる人〟は、裏から見れば、〝とってもやな奴〟になってしまうことに、私自身ようやく気づいたのである。

A子は生まれつき前しか向けない。しかし、もしも彼女にわずかでも〝後ろ向き〟の見方が備わっていれば、少なくともB子の気持ちを傷つけずに、前を向いていられたものを。

だから、大多数の〝どっちつかず〟、〝前向き〟にもなれるけど、時々〝後ろ向き〟になってしまう、どちらかを選択できる……それでいいのだと思ったのである。

その上で、どうしたら〝前向き〟になれるかをいつも考えればいいのである。それがイチバンなのである。

幸い美容においての〝前向き〟は、誰も傷つけない。自分と化粧品、自分と肌、自分と鏡の間には、他人はまったく介在しないからである。だから、美容には思いきり「前向きであれ！」と私は言いたい。

A子がこう言っていたのを思い出す。

「今は私、トシをとるのがあんまりコワクないの。四十代になったらシャネルのスーツが本当に似合うようになるし、五十代になったら芦屋のマダム風の帽子なんかかぶっても、嫌味にならない年齢だし、六十代になったら、たぶん毎日美容室でセットするんだ。そういうのって、逆に今から楽しみじゃない？」

そうか、こういう発想ができるからこそ、彼女はいつも年齢を感じさせないのだ。

B子ならこう言うだろう。

「自分の六十代なんて、想像するのもコワイ」

でも、こう思ったら、今から老ける。

こうやって、いつからか私は頭の中で、いつもA子とB子の声を聞いてみるようになっていた。大多数の人がついつい陥《おちい》りがちなB子の見方。でもそれを知っているから、A子の見方を選択する……前向きすぎずに、前向きになる。これ、人生を生きていく最良の方法である。

いずれにしても、必ずあるモノの見方の表と裏。私は自分の人生において、それを鮮やかに示してくれた、このA子とB子に、心の中でずっと感謝している。

26 化粧品の悪口を言うと、バチがあたる？

「化粧品の記事っていいことしか書いてないですよね。ほめるばっかりじゃ、ジャーナリズムじゃないでしょ。なぜ、悪口は書かないんですか。書けない理由でもあるんですか？」

それは明らかに、「ねえねえひょっとして化粧品会社と癒着《ゆちゃく》でもあるんじゃないの？」といったニュアンスを含んだ批判的な突っ込みだった。

〝政治〟から〝女子高生が生み出すブーム〟まで、幅広いテーマを見つけては、鋭く斬り込むことで有名な某週刊誌の記者が〝今はやりの、美容ジャーナリストの仕事って一体なんなんだ？〟みたいな内容で、取材をかけてきたのである。

私はまず、〝美容記事〟も今やこの手の社会派ジャーナリズムに目をつけられるほどになったか……と感慨無量だった。でもなぜまた、よりによって、癒着とか、そういうところに目をつけてしまうのだろう。

「新製品の発表会などは、いつも一流レストランでフルコースだし、おみやげもすごいし、何より化粧品は山のようにもらえるらしいですね？」

まったくのデマではないが、すべて少しずつニュアンスが違った。一流レストランでの発表会もあるにはあるが、〝プレスのみなさんはいつも忙しいから、あまり時間を拘束《こうそく》してもいけない〟という配慮のもと、ビュッフェ形式が多く、第一、食事をあてにして発表会に出かける人などひとりもいないし、おみやげといっても、その新製品のイメージを広げるための〝PR雑貨〟といったものにすぎない。

それより何より、化粧品は使ってみなければ記事など書けないわけで、「こんなにもらっちゃってラッキー」という話ではまったくないのである。それを〝癒着〟と言われ、化粧品を〝賄賂《わいろ》〟だと言われちゃうのはどうなんだろう……。

私は、悲しくなりながらも、そのひとつひとつについて、真実とそのイミを述べた。

「実際、試してみてから記事を書くなら、なおさら、いいことしか書かないのはおかしい」

そういう疑問が出るのは、無理もないのかもしれない。記者氏は、一見そうした突っ込みができるようにはとても見えない、とても可愛らしい女性だったが、化粧っ気はまるでなく、「化粧とかそういうものにはまるで関心がない」と言っていたから、それも仕方がないのだろう。

しかし美容記事に〝化粧品の悪口〟が書いていないのは、何も今に始まったことではなく、もう何十年も前からそうなのだが、なぜ今になってそれを疑問視する風潮が出てきたのか?

ひとつは今の雑誌に〝美容記事〟が異常に多いこと、もうひとつは化粧品のことを〝個人名〟を出して書くいわゆる〝署名原稿〟が増えたこと。この人はいいことしか書かない、怪しい……というわけだ。

だから私は、きっぱり言った。

「なぜ〝悪口〟を書かないか……それは〝悪口〟を言うと、化粧品は効かなくなるからです」

記者は〝ナニそれ?〟という表情を見せたが、聞く耳は持ってくれた。

どんな化粧品だって大なり小なり〝人をキレイにするため〟にこの世に生まれてきたわけで、かつては、〝粗悪品〟の類も多かったのだろうが、日本の薬事法は世界一厳しいとも言われる上に、こんなにみんなが神経質になっている時代、目に余るほど品質の悪い化粧品などあり得ない。あっても売れない。そういうものをわざわざ探し出して、鬼の首でも取ったように〝悪口〟を言って、なんの意味があるのだろう。

さらに今は、多くの商品が〝鼻の差〟を競っている時代、そのちょっと先で、大手を中心とした、〝研究開発力〟がズバ抜けているメーカーが〝最先端〟を競っている情況。善玉と悪玉をハッキリさせられるほどの違いはない。何より、今や星の数より多い化粧品、その中からどれかを〝セレクト〟して紹介した時点で、何が良くて、何が良くないかはもう明らかだ。

しかし、そういうことはともかくとして、〝化粧品は疑うと効かない〟という決定的事実があると私は思う。

大手メーカーの研究者は、〝化粧品も技術的にできる限りのことはするけれど、化粧品効果の半分はやはり暗示によるもの〟と言って憚《はばか》らない。その半分の〝心理的効果〟をみすみす消してしまってはいけないし、まして化粧品そのものを疑えば、実質的な成分による効果をも台無しにしかねない。化粧品は、心に塗って肌に効かせるクスリなんだと思うのだ。

だから、私たちはまず〝飛び抜けて良い化粧品〟を選び、そして〝どう良かったのか？〟に言葉を尽くす。多少〝大げさ〟に聞こえることもあるだろうが、どうしても表現がオーバーになってしまうのも、私に言わせれば、その〝水増し分〟こそ、クスリにはない〝化粧品効果〟なんじゃないかと思うのだ。

それを読んでくれた人が「わー、効きそう、すごそう」と目を輝かし、期待感をギリギリまでふくらませたまま、その化粧品を使ったら、そりゃあ効く。実質以上に効いてしまうと思う。

でもその逆に、化粧品はこうアブナくて、こうヤバくて、こんなにウソつきだから、せいぜいダマされないように気をつけてくださいヨ……みたいなスタンスで書かれた記事を読んだらどうだろう。

たとえば、大好きなお肉がちっともおいしく感じないのは、言うまでもなく〝狂牛病疑惑のせい。根拠なくアブナいかも……と思ったとたん、〝血もしたたるレア肉〟にもちっとも感動できなくなってしまうのは、みんな同じだと思う。だから少なくとも、化粧品に対し、あらゆる〝ぬれぎぬ〟はきせたくないと思うのだ。

それは、化粧品のためではなくて、女性のため、肌のため。そして、化粧品のそれぞれの良いところを、ちょっと大げさにほめてあげる。するとそれを使うほうも使われるほうも、気をよくして予想以上の効果を生むことになるかも……とも思うのだ。

化粧品の御利益《ごりやく》

いわゆる〝会話術〟の世界でも、「否定形が多い人間は、他人から愛されない」と言われる。

「でも」とか、「そうじゃなくて」などという言葉で、会話を始めちゃいけないということだが、化粧品もその〝良し悪し〟以前に、否定形でしか化粧品を表現できなくなると、女は愛すべき女にはなれないのじゃないか。

以前、後ろから歩いてくる女子高生の会話を聞いていてビックリしたことがある。ほんの一、二分の会話の中に、「サイテー」と「ダセー」が二十回くらい出てくるのだ。もうほとんど否定形の固まりのような会話と言っていい。

しかも、言葉と言葉のつなぎめには、必ず「……って言うか」というワードが入る。これもよくわからないが、〝そのとおりではない〟〝正しくはないよ〟という否定的気分をあらわす言葉。会話を十分間聞いていても、「サイコー」とか「イイよネー」という言葉は聞けそうにない。彼女たちの心の中は、本当に否定でうまってしまっている気がして、少し辛くなった。

ふとふり返れば、一見あどけない顔なのに、眉は例によって折れ曲がったハリのようであり、口もなぜか尖ってて、つねに何かへの怒りで歪《ゆが》んでいる。まさに、〝否定で固めた日常会話〟が作ってしまったコワイ顔であると思った。

「あれ使ってみたけどサイテー」とか「これ許せない」とか「金返せってカンジ」という具合に、化粧品の悪口を、なかなかの〝口汚さ〟でまくしたてている女性がいた。彼女は、化粧品を憎んでいるのかと思ったら、その逆。自らも認める超コスメフリークなのだった。

知識もあるし、使った化粧品も並じゃない。頭も良さそうな人だから、まあ弁もたつというのだろうが、化粧品をバッタバッタと斬りまくる。で、その人がほとんどの化粧品を否定しながら、ぐんぐんキレイになっていけば構わないが、決してそうは見えなかった。それよりも、化粧品の悪口を言っている時の顔は、やはりちょっとコワイ。バチが当たると言っては言いすぎだろうが、化粧品をののしると女の顔はだいたい歪んでしまう、そんな気がしてならないのだ。

一生懸命頑張っている化粧品を目の前にしていると、スターになりたい女の子たちみたいに見えてくる。確かに〝向いてない子〟もいれば、〝実力不足の子〟もいるし、〝決め手のない子〟もいる。けれども、その子たちを目の前に「あんたはサイテー」みたいなことを言うと、いじわるな女プロデューサーになっちゃう気がして、なんとも寝覚めが悪いわけである。

そういう私も、かつて化粧品を思い切り否定した時代があった。それも一度じゃない。三回か四回か、〝短い否定時代〟を加えれば、もっともっとあったと思う。

たとえば、二十代の半ばすぎ。ちょうど女性誌の〝美容担当〟として二、三年たった頃。半ばルーティンワーク化した化粧品との関わり、毎号毎号〝顔ひとつのこと〟で何十ページもつくらなければいけない辛さも手伝って、化粧品はいつの間にか〝ありがたい〟だけのものではなくなっていた。

化粧品は〝選ぶものではなく、切り捨てるもの〟と勝手に悟りを開き、その心の中を現すように、頭に浮かぶテーマときたら、「こんなもの要らない」「無駄をしない」「ダマされない」みたいなものばかり。私はなんだか化粧品に対して、やたら怒ってる……自分でもそう気がついていた。

そうこうするうちに、それは肌にも現れてくる。今から思えば、あれは今でいう〝アダルトニキビ〟というやつで、次々とできて治らない……というタチの悪いニキビに、私は悩んだ。

それでも、その歳ではまだ早いと言われていたリッチな化粧品をあれこれと使ってみては、「これ効かない」「あれ効かない」と、すっかり否定の固まりになっていた。

しかしそんな頃出会ったメナードのビューネという一本の化粧水が、否定の淵から私を救ってくれる。すうっと毒が抜けるようにニキビがおさまった。その一品をきっかけに、再び化粧品が好きになり、おそらく出てくるテーマも肯定的な内容に変わったはずだ。

しかし、そのうちまた、あきてきた。「化粧品なんてみな同じ」という形の否定が始まる。再び、肌もなんとなくアレてくる、その繰り返し……。

しかし、振り返ってみると、〝否定時代〟は化粧品が明らかに効かず、〝肯定時代〟は逆に面白いほどよく効いた。〝御利益《ごりやく》〟という言葉があるけれど、「どーか、私をキレイにしてくださいまし」と化粧品をおがみながら使うと、ちゃーんと〝御利益〟があるのは、私が責任をもって証明しよう。つまり、〝悪口〟言ってバチが当たることに、何も不思議はないのである。

ついこの間、名も知らぬメーカーのクリームをもらって、「どこの馬の骨」あつかいし、そして見事に効かなかった。ところが同じものを使った人が「あれ、いーよねー」と絶賛した。

いやな予感がした私は、もう一度それを、今度は「ひょっとしたら、効いちゃったりするのかも……」と妙な期待を持ちながら塗ってみた。すると案の定、効いてしまった。なんだか、ちょっと背スジが寒くなった。化粧品と女の間にはこういう〝科学では証明できないこと〟がよく起こるんである。

化粧品の悪口は、女にとって「天にツバするようなもの」なのかもしれない。

27 〝私は幸せもの〟のウソ

自分が〝幸せ〟であるかどうかという判断は、じつはとても難しい。人間はみんな死の直前に人生をバッと振り返って、幸せと不幸の数、自分はどっちがより多かったのか？　という簡単な計算をする……という話を聞いたことがあるが、案外そんなものなのかもしれない。しかし、その瞬間、死ぬ直前に脳裏《のうり》に浮かび上がるほどの〝インパクトある幸せ場面〟を一体いくつまで作っておけるか、人生それが勝負のような気もする。

ある女性が言った。夫が急死した時、この瞬間よりも不幸な瞬間は、あと百年生きていてもやってはこないだろうと思った。だからそれ以降はもう、どんなささいなことにも〝幸せ〟を感じてみようと決めたのだと。ちょっと極端だけれども、幸せはそうやって〝不幸との比較〟によって、自分の中に意識的に作り出していくものなんじゃない？　というのである。

彼女はさらに言った。夫の死後、二週間くらい食べものがノドを通らなかったが、娘たちに無理矢理レストランに連れていかれた日、生ガキを食べてみた。その瞬間、あんまりおいしくて、ずっと閉ざされていたノドが、すうっと通り、言い知れない心地よさが訪れた。生まれて初めて、「あ、これが幸せというものなんだな」と心の中でつぶやいたのだと。そして、外出前に、やっとのことでお化粧をし、よそいきの服を着たことを、初めてうれしく思ったというのだ。

何を隠そう、この女性とは私の母で、私はこの時の母の顔をどうしても忘れることができない。不幸のどん底からわずかでも抜け出す瞬間、母は今まで一度も見たことがないほどの〝晴れやかな美しさ〟を見せた。「生涯でもっとも不幸なあの瞬間よりは、幸せ」という、多少ネガティブなものながら、幸せとはどんなに小さなささやかなものでも、こんなふうに人を輝かせるのだと、この時、痛いくらい感じたのであった。

〝不幸〟が人を〝幸せ〟にする!?

私は以前、たまたままわりにいた数人の女性たちに、〝幸せを感じるのはどんな時？〟

と聞いてみたことがある。みんなはそれなりに気の利いた答えをさがそうとして、しばらく考えこんだが、結局はおそろしく身近な、そしておそろしく的確な答えが返ってきた。

「お風呂のお湯に体をしずめた瞬間。毎回、同じだけの幸せを感じる」

「友だちとホテルのケーキバイキングに行って、お皿もって並ぶ時……」

「彼と待ち合わせて、少し早く着いちゃったりして、ひとりでお茶している時は、なんだかものすごく幸せなひとときで……」

「たまにしかない一家団欒《だんらん》。ああ、私もけっこう幸せな子なんじゃない？ とか思う」

「何人かで旅行する時の行きの車中とか？ なぜか現地に着いてから先は、〝幸せ〟という実感はないんだけど、〝行くまで〟の時間は、あー、いい友だち持ったなとか思っちゃう」

「買いものしたあと。服と化粧品を買った日は特にそう」

ほんとに身近、しかし見事に〝ありがち〟なシーンで、私は女性たちがそうした日常の何気ないひとコマひとコマにも、ちゃんと〝幸せ〟を感じていること自体、うれしく思った。

でもそこに、幸せの宿命みたいなものを感じざるをえなかったのも、また事実なのだ。幸せの宿命……それは、いつもアッと言う間に終わること。『幸せは長くは続かない』とよく言うけれど、まさしくその証明のように、みんなは〝わずか数分〟〝長くても数時間〟の幸せを語ったのだった。

お風呂の幸せが、上がったら終わりなのは当然ながら、ケーキバイキングも、お皿にたくさん取りすぎて「バイキングは残さず食べるのがマナーなのよね」なんて言う友だちをうらめしく思いながら、一転なんともまずそうに見えてきたケーキを無理に口に運ぶ時は、早くも不幸モードに入っている。

買いものだって、試着の時は似合っていた服が、家で着てみたらまるでピンとこなくて、店員の「あーら、お似合い」の言葉にダマされたと知る結末はよくあることだし、第一、服を着る幸せは、初日がピークで、あとは着るたびに薄れていくのがふつうである。

旅する幸せも、〝行きはヨイヨイ〟の典型的パターン。海外旅行に行く時ですら、成田で「ア、コットン持ってくるの忘れたから、買ってくるねッ」なんて言ってる時が、いちばん幸せだったりする人はやっぱり多いのである。

そして、恋愛がらみの幸せも、断続的には続いていくものの、一回のデートにおいては、会う直前が〝天国〟で、あとは時間がたつにつれ徐々に盛り下がっていくことのほうが多かったりする。いわゆる〝幸せの絶頂〟という時期があるってことは、〝恋愛による幸せとはそもそも長くは続かない〟ってことの証《あかし》なのである。

もうわかったと思う。〝幸せ〟とは、ケーキや服や恋人や旅行という〝現実〟そのものではなく、それをまさに手に入れようとする瞬間に、その絶頂が来るものなのだ。だから短くて当然。長く続かないのが、すなわち〝幸せ〟というものなのである。

私たちは休暇をとって、何もせずにのんびりしている時、必ずこんな会話をする。

「あーあ、こういう日がずっと続けばいいのになー」

「でも、ずーっとだとゼッタイ飽きる。そうじゃない日があるから、こういう日が楽しいの!」

「だよねー」

〝幸せ〟とは、〝幸せじゃない時〟がないと、それが〝幸せ〟であるとは気づかない。そういうものなのかもしれない。

「私はほんとに幸せもの」

それが口グセの女性がいた。それが、たまたま人に何かをしてもらったりした時の〝お礼代わり〟の言葉ならかまわない。でも、彼女が訴えたい意味は、それとはだいぶ違うのだ。

「私は何もかもが人よりずいぶん恵まれていて、だから人よりずっと幸せなわけなのよ」

そう聞こえてしまうのは、私だけではなかったと思う。

「家もいいし、顔も可愛いし、スタイルだっていいじゃない？　その上みんなに愛されていて、おまけに希望どおりの仕事につけて、すべてがうまくいっている。ねえねえ、私ってすごい幸せだと思わない？」

というふうに、どうしても聞こえてしまうほど、彼女は何かにつけて、特に人の不幸話が話題になった時ほど、「私は幸せもの」と話をしめるものだから、どう好意的にとってもそう聞こえてしまう。「それって自慢？」とひとこと言ってしまえば簡単なのだろうが、私は逆にこの人の、少しさみしい心のうちをのぞいた気がして、むしろ少し悲しくなる。

彼女は〝幸せ〟の意味を少々取り違えてる。そして、本当の〝幸せ〟に気づいていないから、〝人より恵まれていることイコール幸せ〟と位置づけたいのか、さもなければ、本当の〝幸せ〟が何かを知っていて、それが自分にはないから、無理矢理〝恵まれていること〟が〝幸せ〟だと押し切るのか、どちらかであると思ったからである。

〝幸せ〟の本当の意味を知らないことは、やっぱり女を美しくは見せないのだとこの時思った。〝幸せじゃないこと〟がないと、〝幸せ〟だって見えないこと。彼女は早く気づかないといけない。でないと、どんどん美しさが逃げていく。〝幸せ〟を正しく感じる女になること……これは、美しくなる絶対条件なのである。

28 美しさの正しい使い途

とある超一流企業のオフィスの廊下。そういう場所ではまず見かけないクラブ風の派手なファッションの女性が、向こうから歩いてくる。手に書類だけを抱えていたから、間違いなくここの社員。制服のないこの企業では、時たま場違いな格好の女性を見かけることはあったが、ここまでのミニは初めて。

しかも彼女は、すれ違う私（一応、お客）はまったく眼中になく、その先のほうから固まりで歩いてくる若い男性社員を、不自然なほど意識していて、歩き方まで変えた。ふた昔以上前のモデルのウォーキングを思い出した。

男性社員たちは間違いなく、彼女をどっぷり見たはずだ。彼女はどんなミニもはきこなせる素晴らしい脚《あし》と、遠くからでもハッキリ見えちゃう派手な顔だちの持ち主だったから。

アメリカのコメディ映画に、こんなワンシーンがあったかも……なんて思いながらも、私の頭を、〝美しさの正しい使い途《みち》とは？〟なんていう疑問が、スッとよぎっていった。

生まれつき美しい人も、いろんなことをして美しくなった人も、どうか聞いてほしい。「美しさは、ただ存在させればいいのだ」という話を。

以前、ある人からこの言葉を聞いた時、私は美容における、ひとつの核心をつかんだ想いがしたものだ。その人はさらに言った。「美しさは、作りあげることに必死になってもいい。美しくなることは女の仕事なんだから。一生懸命作りあげるのはけっこう。でも、そのあとは、ただ存在させておくこと。何かに使ってはいけないのだ」と。

美しさは、何かに使ってはいけない。たとえば「私はこんなに美しい人間なのですよ」と、わざわざ言ってまわる必要などない。ただそこに置いておけば、まわりが勝手にそれに感心し評価してくれる、それが美しさというものなんだから。ふりかざしたり、強調したとたん、美しさは台無しになってしまうのだ……その人はそう言いたかったのだろう。

そして、最後にこうつけ加えた。

「そのあとは、自分の本当の〝仕事場〟にもどって、自分の仕事を精一杯しなさい」

と。

美しさはただ存在させ、自分の仕事場で精一杯仕事をこなしている、そういう女性がいちばん美しいのだと、その人は言うのである。

廊下で出会った彼女が、もしも腰を強調せず、颯爽《さっそう》と歩いていたら、どんなにか美しかったことだろう。別に脚を露出してもいい。自分の仕事を精一杯こなすのに、それが邪魔にならないのなら、別にどんな服だっていい。素晴らしい脚をさらしながらも、メチャクチャ仕事ができる女なんて、そうそういるものじゃなし、カッコイイと思う。ただ、それを廊下でこれみよがしに披露《ひろう》しようとした瞬間、ミニはただの場違いの服へと転落するのである。

さらに、見知らぬ人間と思い切りすれ違った時、彼女が私を来客とみとめ、形式的にでも軽い会釈をしたのなら、私はその時に訪ねたこの会社の社員に「おたくには、ものすごい美人がいるんですねェ」などと、興奮ぎみに話したことだろう。「エッ、誰だろう、ウルトラミニの子？　ああ、○○課の○○ちゃんだよ、きっと……」なんて、話題になって、「なかなか感じのいい方ですね。あんなにおきれいなのに」などと、私も調子にのって、言ったかもしれない。そういうことの積み重ねで彼女は〝評判の美女〟になっていったかもしれないのだ。

でも実際、私は廊下で会った女性のことについては、何も触れなかった。触れない代わりに「美しさの使い途を、ハッキリ間違えている女性」として、その存在を記憶の底にとどめてしまったのである。

「美しさ」はただ存在させるもの

「尊敬する人は？」と聞かれて、ポーンと答えが出てきたのは、せいぜい十代半ばまで。それも、子供の頃はナイチンゲールとかキュリー夫人とか言っても恥ずかしくなかったけれど、大人になればそれなりに〝身のほど〟というものも知ってしまうから、そういう歴史的に偉大な人物を、「尊敬してます」なんて軽々しく口にできるものじゃない。

でも今私は、何十年かぶりに「尊敬する人」としてあえて口に出したい人がいる。いくら尊敬したって、距離は少しも縮まらないのは「小学校の時のナイチンゲール」と同じ。しかし、女性として、また〝美しくなる方法〟を語らせていただく立場として、この人の美しさこそ〝本モノ〟なのだと確信したから、あえて言いたいのである。

その人とは、ミャンマーの民主化運動の現リーダー、アウン・サン・スー・チー女史。ミャンマー政府の手によって、長い間自宅に〝軟禁〟されていたことが、たびたびニュースになったから、ご存知の人も多いだろう。

しかし何も、民主化運動のリーダーとしてのこの人に傾倒しているのではない。今のこの日本で、その立場を理解するのはあまりにも難しい。ただ一人の女性が民衆の指導者となり、反対運動の指揮者となる勇気と行動力は、もちろんとんでもなくすばらしいが。

でも、もっとすばらしいのは、そういう立場にありながら、片方では女性の美しさやたおやかさを完璧な形で残していること。あの長い軟禁状態から解放され、久々に姿を現した時の、息をのむような美しさを、あなたは見ただろうか。

ミャンマーでは髪に生の花をつけた女性を多く見かけるが、その日のアウン・サン・スー・チー女史はていねいに結いあげられた黒い髪に真っ白な花をつけ、軟禁生活のやつれも見せずに、華やかな表情で民衆の前に立った。ミャンマーの人たちは、この人がますます美しく輝いていることを、どういう気持ちで見つめたのだろう。自分たちのリーダーが、あのように美しい姿でもどってきたことに、息もとまりそうに感動したのではなかったか。そんなリーダーをもつミャンマーの人たちを、私は不謹慎にも、うらやましいとさえ思ったのだった。

でも間違ってはいけない。この人は、単に美しいからすごいのじゃない。あくまでも、その〝仕事ぶり〟と〝美しさ〟との完全なる両立がすごいのだ。別に、あれほどキレイじゃなくたって、民衆の熱狂的な支持は得られたのだろう。だって、民主化運動に、美しさなんかは必要ないし使えない。なのに髪ふり乱してなんかいない。顔に〝険〟もない。表情はあくまで優しく和やかで、見る人を幸せな気持ちにさえする。その両立は、ほとんど奇跡だ。

美しさはただ存在させただけで、〝自分の仕事場〟にもどり、精一杯仕事をする……アウン・サン・スー・チー女史は、まさにそれを完璧にやってのけた人なのである。美しさをふりかざすわけでも、何かに使うわけでもなく、〝自分の仕事〟を全うし、民衆を救おうとする人。だからこそミャンマーの人々も、それ以外の国の人々も、拍手を送るのである。その〝仕事ぶり〟と美しさの両方に。

そう考えると、美しさにはもともと〝使い途〟なんてないのかもしれない。モデルだって女優だって、ただ美しさをふりかざしたところで〝一流〟にはなれない。ましてや他の職業では、美しさをまともに利用する場面なんてありはしないのだ。主婦であれ、学生であれ同じこと。女はすべからく、美しさを何かに使うことはできないのである。

つまり、美しさをもっているのに、何にも使わない女性、その潔さ清々しさに、人々は拍手を送るのである。だから、たとえ美しさをしっかり手に入れても、それを何にも使わない勇気をもとう。そうすることが、あなたの存在を、二倍も三倍も、輝かせて見せるのだから。

29 女の美しさの半分は十代で決まる

女を美しくする理由、あるいは醜くする理由。それが年代ごとに大きく移り変わっていくことに、私はつい最近になって気づいた。

たとえば十代も前半までは、女の子が美しいかそうでないかを決定するのは、やはり親である。特に母親。子供が母親にとっての〝着せ替え人形〟である時代は、けっこう長い。その時期に、人は良くも悪くも生涯のセンスの土台を築き、審美眼《しんびがん》の質を決められていくのだという。とするならば、女の美しさは、もとを質《ただ》せば、親の責任ということになる。

確かに、そうかもしれない。小学校の同級生ですでに美しかった子は、決まって母親が飛び抜けて、〝素敵〟であった。母親がとんでもなく野暮ったいのに、子供が輝くばかりにキレイなんていう例は、やっぱりあまりなかったと思う。

じゃあ逆も成り立つかというと、そうじゃない。母親は目立って美しいのに、それが少しも乗りうつってない子は、たまにいたような気がする。

〝躾《しつけ》〟という字を見ると、いつも思い出す光景がある。小学校の時、家に遊びに来て、おやつがでると、いつも「手を洗わせて」という子がいた。見ると必ず石けんを手のひらの中で器用にくるくると転がして、なんとも正しい手洗い法をしている。

幼稚園では〝当たりまえ〟なのに、小学校の高学年になる頃までには、「カッコ悪い」などとワケのわからない理由をつけて〝卒業〟してしまう〝正式な手洗い〟を、彼女は五年生、六年生になっても、なんの疑問ももたずにつづけていた。

それだけじゃない。彼女は、洗面台に飛び散った水をティッシュをもってきて、キレイにふいたのだ。それを見た時、なぜだか焦《あせ》りを感じた。自分が規則を守れないことの罪の意識ではなく、今思えば、女としての焦り……、女として〝もう負けてる〟という、ちょっとした劣等感だったのかもしれない。その子はクラスでも光っていて頭も良かったが、同じ小学生なのに、もはやここまで〝開き〟がでてしまったか……みたいな。

〝躾〟の字を初めて覚えた時、その彼女の〝手洗い〟を思い、激しく納得したのである。ふだんは別に潔癖性というふうではなかったから、あれは単に母親の躾なのだろう。

ちなみに、彼女の母親は、もちろんキレイでやさしい人だったが、娘を美しく育てあげたいという想いも人一倍強かったのだろう。

しつけ……美しさを身につけること。子供の頃にこれが徹底されていたかどうかは、女の美しさを生涯レベルで大きく左右する。

母親がいくら美しくても、その美しさを〝子供用の形〟たとえば〝手の洗い方〟みたいにして体で覚えさせない限り、それは娘に乗りうつらない。しかもこういう〝躾〟は十代前半までに終わらせないと、なかなか身にはつかないのだ。

彼女は今も家事の前にていねいに手を洗っているだろう。そして、その母親のように、美しくやさしい女性になっているはずだ。女の美しさの半分は、十代半ばにして決まってしまう。いや、それより前に、どんな母親をもつか、その時点で決まっているのである。

さて、十代の後半になると、女ももう母親の手には負えなくなる。中学校から高校までの六年間。この時代に女の美しさを決めるのは〝学校の制服〟であると思う。

90年代の女子高生は、夏休みになっても〝制服〟を脱がなかった。言うまでもなくそれは彼女たちの武器でありブランドであり〝売り〟だからだが、私がそれを目クジラ立てて怒れないのは、私たちの時代にも、制服に女としての計算をまったくしていなかったとは言い切れない情況があるからだ。

制服をいかに可愛く着るか？　いかにしたら人よりカッコよく着られるか？　それは女子高生にとっては一生の問題と思えるほど重大なテーマだった。それが似合うか似合わぬかで、短いながらも〝運命〟が変わってくるからだ。

実際起こる現象は、制服が似合う子と似合わない子がハッキリ二種類いる上に、似合う生徒は都合六年間をかけてもっともっと似合っていき、知らないうちに女も磨かれていく。しかし似合わない人は、六年間ずっと似合わないままで、女として、何も開発されずに終わる。この制服が生み出す〝差〟は、もはやひとつの宿命としか言いようがないのである。

じゃあ、制服が似合うか似合わないかの、そもそもの分かれ道とは何なのか。

じつはここが皮肉なところなのだが、困ったことに制服も少女のうちからどこかに〝色気〟みたいなものを持っている生徒ほど似合うようにできている。つまり、女としての魅力を開発するのは、他でもない〝制服〟なのである。

さらに、生徒の何割かは、在学中にその事実に気づいてしまう。そしてもっともっと制服を上手にキレイに着るようになる。そうやってどんどん広がっていく〝差〟が、すなわち制服を脱ぐ頃には、もはや埋めようもないほど大きくなっているのである。

そして二十代。女も二十年以上生きていれば、それなりにいろいろと積み上げてくる。みんな同じ〝制服〟を着て、授業を受けてた時は、あまり形にはなっていなかった〝女の本質〟が、一挙に顔やら肌やらに出てくる時代となる。言いかえるなら、しだいに固まってきた〝人柄〟が、〝見た目〟とハッキリとミックスされるのが、この時期。つまり、二十代の美しさ醜さは〝心〟で決まると言っていいのである。

ただし、二十代は女の人生がもっとも複雑で不安定な動きをする時。大小とりまぜて、〝衝撃〟も〝打撃〟も多く、〝悩み〟も〝不幸〟も〝喜び〟も〝幸せ〟も、数年の間にまとめてやってくる。だから、心がキレイだとキレイになって、心が汚いとキタナクなると、すっぱり言い切れると簡単なのだが、そうはいかないのが二十代の特徴なのである。

心は心でも、キレイかキタナイかではなく、心が前向きか後ろ向きか……これなのだ。前向きな心が女をキレイにするのは、何も二十代に限ったことではないが、気持ちひとつでどうとでもなるのは、人生のうち二十代くらい。心が前へ行くか後ろへ行くか、二十代は〝心の向き〟にすべてかかっているのである。

つまり、多少〝やな奴〟に見えても、前向きでさえあれば、一応はキレイになれる二十代。しかしその〝やな奴〟も程度問題。幸せをつかもうとするあまりの前のめり状態が、ちょっと鼻につくくらいだったり、いい人ぶらないからコワかったりする程度ならOKだが、〝いじわる〟はダメ。意地の悪さだけは二十代の醜さを特に際だたせるから不思議だ。

全員がなんとなくナーバスになっている二十代。他人の〝いじわる〟がよけい身にしみ、誰もがそれを見のがさなくなるから、〝いじわる〟はごまかせないと考えていい。いずれにせよ、二十代は肌がまだ若く透明である分、〝中身〟が透けて見えやすい。だから〝心〟そのままが決め手となる時代なのである。

四十代のカギは「愛」だった

さあ、三十代はどうだろう。化粧品の世界では昔からこの世代を〝スリーピング世代〟と呼んでいる。育児や生活に追われ、自分をキレイにしているヒマなどないから、化粧品を買わない、しかしきっとまた復活するから、今は購買欲が眠っている世代というわけだ。

確かにこの世代は、化粧品への依存度が低い。けっこう安モノを使ってたり、オシャレも半端だったりする。その分、中身が出やすいことも確かだが、同じ中身が出るのでも、まだあまり人生を背負っていない二十代に比べ、三十代は〝生活〟という中身が出やすい。〝生活感〟はもちろん、〝育児〟も顔や肌に出るし、２ＬＤＫの団地に住んでいるのか、新興住宅街の一戸建てか、はたまた有職か無職みたいなことも、ひととおり表面に出ると言っていい。

しかし、だからといってどうすることもできないのが、この世代の特徴。なんと言っても、生活がかかってるし、日々の生活に忙しい。とりあえず、まだ取り返しのつく世代だから美しさはスヤスヤ眠らせておいても、さほど問題はないだろう。

ただ、美しさへの執着に大きな〝開き〟が出てくるのも、この世代。三十そこそこで、「もういいや」とキレイを葬り、オバサンと呼ばれて「ハイ」と答えてしまうと、美しさの目覚めは、もう永遠にやってこない。その分かれ道である……とだけ、肝に銘じておこう。

もっとも周囲を見わたすと、二十代の延長でしかない三十代も多い。つまり、生活臭などみじんも漂わせないまま、三十代を渡り切り、ついでに四十代も歩いてしまう人が、今の時代少なくないのだ。

そういう人は、確かに若い。四十代になっても年齢不詳、このまま一生二十代の延長で、衰えつつも〝女〟を続行させるタイプなのだ。これは、欧米の四十代五十代マダムの生態にとてもよく似ている。

〝生活感〟はできれば形にならないほうがいい。が、たとえ生活まる出しになったり、ついつい美しさを眠らせてしまったりしても、ちゃんと目覚めればいいのだ。これが三十代の約束である。

四十代から先はと言えば、これは個人差がとても大きいはずだが、ざっとこんな心境の人が多いのだろう。

そろそろ人生見えてくる頃。子供の進学、夫の出世は気がかりだけど、自分の才能に対して漠然と〝もうひと花……〟と思っていた人には、根拠のない焦りもやってくる時期だ。しかしながら、暮らしは安定、若くもないが老いてもいない、人生を楽しむ意味では、じつに都合のいい時でもある。なのに、あまり楽しくなーい。私の人生、このままスウッと引っかかりなく行っちゃうの？ という疑問符が出ては消え、出ては忘れの毎日が過ぎていく。

こういう四十代にとって、美しくいられるかどうかのカギは、あらゆる形の〝愛情〟。夫への愛、子供への愛、〝恋人〟への愛、友人への愛、親への愛、そしてもっと大きな意味での人間や生き物への愛、そういうものが心の中に住んでいるかどうかが、最大のカギになる。

もちろん夫や子供から愛されているかどうかも重要なポイントだが、むしろ四十代からは、自分から外へ向けて、ゆったりとした愛情がいくつも出ていかないとまずい。もうそういう器になっていかないといけない年代だと思うのだ。それまでは、自分のことで精一杯であっても当然だが、四十代にもなれば、もうそろそろ他人に対しての愛情や思いやりが自然に湧いてきていいはずなのだ。

従って、四十代からの美しさは、〝与える愛の数〟で決まる……そう言っていいだろう。

ただ、四十代の美しさには、もうひとつ別の〝秘められた理由〟がある。夫の存在、あるいは夫との関係である。

長年つれそった夫に、まだもしも恋愛にも近い感情を抱いている奇特な女性がいたら、その場合は文句なく、何らかの形で美しさが温存されるだろう。夫婦仲が良く、二人でしょっちゅうお食事などをしている家庭の主婦も、幸福感が作る美しさに満たされる。

ところが一方、夫が〝浮気性〟の場合もまた妻はそれなりの美しさを確立させてしまうことがある。これが二十代三十代の時ならば、女ももっと強気な上に、許容範囲も狭いから、夫の浮気は妻を醜《みにく》くする。しかし、四十を超えると、夫に対して〝毎日吠《ほ》えまくるエネルギー〟があったら、自分のために使わなきゃもったいない、みたいな冷め方をしてしまう。

趣味に走るもよし、美容にお金を使うのもよし、ともかく自分を磨くことへの〝無駄づかい〟に走りたくなる。もちろんこれも、ストレスのはき出し口には違いないのだが、そこはそれ百戦錬磨《れんま》の四十代。ストレス解消にも年季が入り、ただじゃ起きない精神で立ち向かうから、得がある。

しかもここに「ぜったいキレイになってやる！」といった女の意地がないと言えば

ウソになる。若い頃とは違ったイミの、「私だって磨けば光る」といった、夫へのアピールには違いない。でも、夫が浮気しなければ、こうした意識はとっくに眠りこけていたかもしれず、それを一気に覚まされた分、夫の浮気に悩む女は、美しいのである。少なくとも、早々と〝引退した夫〟をもつ妻より、多少〝ギラギラした夫〟をもつ妻のほうが、美しいのは確かなのだ。

結局のところ、四十代から先は、巷間言われるように「私はまだまだ女の現役」という意識の強さが、美しさを生むわけだが、ここに夫との関係が、大きく影響するのは間違いないのだ。もちろん独身の場合はすこぶる単純で、まだ恋をする気があるかどうか、「女」として男の前に立つ気があるかどうか、これだけである。片手に〝愛〟。片手に〝女〟。両手にこれらをしっかり持って歩いている四十代は、たぶん誰が見ても、光り輝いているはずなのだ。

〝親〟〝制服〟〝心〟〝生活〟を経て、最後にはそうやって、右手に〝愛〟、左手に〝女〟を持って、来たるべき老後を迎え撃つ。これが格好いい女の歳の重ね方……なのではないだろうか。

30 幸せになるなんて、ウソみたいに簡単

〝人はなぜ、美しくなければいけないのか?〟

こう問いかけられたら、私は迷わずこう答えるだろう。

「それは、取りもなおさず、幸せになるためです」

しかし、ここにはどうしてもいくつかの誤解が生じてしまう。

「美人に生まれないと、幸せになれないの?」

「美しい人だけが、幸せをつかむの?」

誰だって、そういう疑問をもつだろう。でも、そうじゃないのだ。〝美しい人が幸せをつかむ〟のではない。〝美しくなることが幸せを呼びこむ〟のだ。その決定的な違いを、今ここでもう一度解き明かしてみようと思う。

わかりやすいところで、映画にもなった数奇な事件で、十五年に及ぶ逃亡生活の末に時効二十一日前にして、結局逮捕されてしまった殺人犯の女。たとえばあの女性の

場合はどうだったのだろう。

今の時点で、〝同じ店のナンバーワンホステス〟殺害の動機は、金品を盗むためともなっているが、もとはと言えば、いわゆる〝女の嫉妬〟と聞いて、ゾッとした。美人で売れっ子で稼ぎも良く、優雅な生活を送っていた被害者に対し、〝美人でもなく、売れっ子でもなく、地味な生活をしていた犯人〟が、「美人というだけで、幸せをつかむなんて許せない」という、あまりにも幼稚な嫉妬を抱き続けた上に、〝金欲しさ〟も手伝って、強盗殺人にまで至ったわけだが、この殺人犯のそもそもの問題は、「美人だけが幸せをつかむ」と思い込んでいた点にある。

被害者のナンバーワンホステスが、幸せであったかなかったか、それは知らないけれど、みんなにチヤホヤされ、羽振りが良かったのは事実らしく、それがハタ目には〝幸せ〟に見え、〝美人＝幸せ〟と犯人が嫉妬の炎をもやすきっかけになった。

いくら美人が憎くても、〝貧乏でかわいそうな美人〟をうらやむことはなかったろう。ともかく〝美人〟と〝幸せ〟がセットになると、「美人だけが幸せをつかむ」という世の中の習い（思い込みだが）が、理不尽に見えて仕方なく、だから殺人をも自分の中で正当化できたのではなかったか。

美人は、実際は幸せじゃないかもしれないのに、ハタ目には幸せに見える。じつはそれだけのことなのである。

さらに、この犯人は逃亡を決めこみ、捜査の目をのがれるためもあったのだろうが、整形手術を受ける。一連の報道では、「この整形手術によって生まれ変わった犯人は、ホステスとしてたちまち売れっ子となり……云々」と言っているが、じつはここにも問題がある。

お伽話《とぎ》には、「魔法をかけられ美しくなったとたんに、幸せになったとさ」みたいなストーリーはよくあるが、世の中そんなに簡単じゃない。目を二重にしただけでは、パッとしないホステスが、突然売れっ子ホステスになったりはしない。これも私の想像だが、実際にはこうなのだ。

整形手術を受けた動機は、七対三くらいで〝逃亡するため〟だったのに違いないが、実際大きなコンプレックスでもあったのだろう小さな目を〝パッチリ切れ長〟にしてみた時、彼女の中で何かが大きく変わったのだ。

いつもなんとなく「どうせ私なんか……」という気持ちがもれ出ていた〝負の表情〟が、「私はキレイ」という自信に満ちた〝プラスの表情〟に変わる。もともと持っていたに違いない〝社交性〟や〝明るさ〟がストレートに表に出てくる。それだけでだって、女は人を惹《ひ》きつけることができるはずで、そこに〝やる気〟でも加われば〝売れっ子〟になるなど、たやすいことだったと思う。

要は〝美しくなった、ヤッタ！〟という幸福感が、人を惹きつけ、束の間の幸せを、この殺人犯にも呼びこんだと見るべきなのである。

その後も、この犯人は行く先々で、〝援助してくれる男性〟をゲットしていたというが、ふつう〝追われる身〟であったら、そこまで人を惹きつけておくパワーがあるはずはないと思うところ。いつも下を向いて生きているはずなのに、上を向いていられたのも、すべては自分が美しくなったという自信が自信を生んだからではなかったか。

人は単に美しいから人を惹きつけるのではなく、美しくなったという喜びと自信で、人を惹きつける。じつはそういうことなのである。

しかし、結局は逮捕。皮肉にも、時効を目前にして。これこそ「美人になれば幸せになれる」ということが、見事なまでの幻想であることの証。そういうことで人が幸せになれる道理がないことの記録である。

最終的に私はこう思うのだ。美しいことそのものには、大した価値などないのではないかと。もちろん、瞬間的に、いい想いをしたり、一時的に幸せになったりの理由にはなるのかもしれない。しかし、これまで見てきたように、美しさそのものは、長い人生で見れば、大して役に立たないし、たとえ役に立ったといっても、美しさで一度でも人を感動させた人は、その美しさを失えば逆に非難の対象にさえなってしまうから、ずっとずっと維持しなければならない。だいいち美しさは、ただほっぽりっ放しにしておくと、必ずいつか色あせる。

つまり、人にとってもっとも大切なのは、美しさを増やすこと、増やしつづけること、なのだ。そして、人を幸せにするのは、美しさを増やした時に、体の中から出るパワー。決して、美しさそのもののパワーではないのである。

生きるための美容法……それはただ、昨日の自分に勝つこと

鏡の中の素顔の自分に、ファンデーションを塗り、口紅を塗る。できあがった顔は、すでに見慣れた〝自分の化粧顔〟かもしれない。

でも今もう一度、ファンデーションを塗った時の、自分が透明に、より清潔になっ

ていく瞬間の喜びを、思い出してほしい。口紅を塗った時の、自分が華やいだ瞬間を、もう一度かみしめてほしい。うつ病やアルツハイマーの治療に、こうした〝口紅塗り〟がなぜ効くのか？　もう一度、その意味を考えてみてほしい。美容において、いちばん重要なのは、その瞬間を見逃さず、一瞬でも目を輝かせることにあるのだから。

そして、できるなら、一年前より十年前より、私は美しくなったと思いつづけてほしい。でも、それが無理なら〝昨日より……〟でいい。昨日より、さっきより、あるいは一秒前より、自分が美しくなったという確信を、いつもいつも自分の中に宿していてほしい。それで充分だ。

信じられないだろうが、昨日よりキレイになれば、人は必ず輝くのだ。そして、美しさが増えた時、パワーが全開になるのである。

いまさら、断るまでもないだろうが、美しさは、他人と比較してもなんの意味もない。自分の中にある〝美しさ同士〟を比較するのだ。そして、今この一瞬が、今までのどの自分より美しいことを確認しつづけること。化粧品も、あらゆる美容も、すべてはそのためにあるのだから。

〝若さ〟も同じ。若さそのものにパワーはない。むしろ、若さを増やすこと。増やしつづける行為が、人に新たなパワーを与えるのである。まして、自分は止まったままで〝形だけの若さ〟にしがみついても、そういう若さは別に人を幸せにはしない。

自分が動きつづけないと、「次へ」「次へ」と、自分を前に送り出さないと、本当の若さも生まれないし、まして、人は幸せにもなれないのである。

『四十代で出産した女性は長生きする』という調査結果が出た。女性ホルモンの関係であるという。ふつう、体が女であることをやめようとしてしまう年齢で、逆に女としての一大事業をやり遂げる。これは人間の生命力にも大きなエネルギーをもたらすのだ。

そして、四十代を過ぎてから新たに始まる〝母親としての人生〟〝母親としての自覚〟は、人生を引きのばすこともできるのだ。

キャスターとして第一線で活躍している四十代の女性が「五十歳までに精神分析医になりたい」と、改めて受験し、大学へ通い始めたという話を聞いた。

私は何かジーンとした。同年代でありながら、もうあまり動こうとしなくなっていた自分を恥じた。第一線にありながら自分をゼロにもどすこの人の勇気に感動し、そして、四十代で準備し、五十代から何かを始めようとすることが、女にも本当はできるのだという発見に、胸がふるえたのだ。そして、この人はなんと幸せな人なのだろうと思った。

自分には、そんなパワーもそんな才能もないけれど、でも、どんなに小さな動きでもいいから、動きつづけること、そうしなきゃいけないのだと思った。そうやって、少なくとも〝去年の自分〟を何かで上まわること。それが、すなわち〝幸せになる老化防止〟なのかもしれないと。

昨日よりも美しくなることが幸せを呼びこむ。そして〝去年の自分を上まわろうとすることが幸せを呼びこむ〟……そこには、ひとつだけ条件がある。人との関わりである。

いくら〝昨日より美しい自分〟になっても、人との関わりがなければ、それは本当の〝幸せ〟を呼びこまないかもしれない。〝精神分析医〟を目指す四十代の女性も、キャスターという、一方的に話す仕事から、悩める人々と話す仕事へ、まさに人との関わりを深めるために、ゼロから出発しようとしている。

自分を向上させる満足感や充実感だけでも幸せを感じるだろうが、最終的に人は人と関わることで真の幸せを味わうものなのだと思う。逆に言えば、人と関わるためにこそ昨日より美しくなろうとも思えるはずなのだ。

数年前にご主人を亡くし、子供たちも独立し、今は一人で暮らしている六十代のご婦人が、

「週に一度は絵を習っていて、三日に一度はお茶の会へ行くのよ」

とうれしそうに言っていたのを思い出す。むしろご主人が亡くなってからのほうが、生き生きとしてはるかに若く見えるのも、そうやってたびたび外出することで、主婦の時には得られなかった、社会や人との新しい接点を見つけたからに違いない。

たぶん、この人も、人との関わりをもつために、なんとか昨日より美しい自分になろうとし、それによって生まれる小さな幸せを日々かみしめているのだろう。

三日間、鏡も見ず、人とも会わないと、女の顔は数パーセント醜くなるのだそうである。私はその真偽を確かめたくて、休みの間三日間、外出をせず鏡を見ずに過ごした。

私の場合は一〇パーセントも醜くなっていた。頬がたるみ、目の下がくぼんでいる。

そのまま簡単にメイクして、仕事へ出かけた。人と近づくのがこわかった。人が他人を近づけてもいいと思う範囲……、俗に言うパーソナルゾーンが極端に広くなっていた。

顔は結局、社会と関わるためのもの。自分を社会とつなぎとめておくためのもの。それがようやくわかった時、〝私達はなぜ美容するのか?〟〝なぜ美しくいなければいけないのか?〟が、ついにわかった気がした。

人と近づくため。人を遠ざけないため。自分の中の最高の自分をつくって、人を受け入れるため。だから私はその三日間を取り戻すべく、何時間も鏡の前にいて、ゆっくりとていねいに、スキンケアしたりメイクしたりした。三日前のあの自分に勝つために。勝ってもっといい自分を社会と関わらせるために。

そうだ。美容とは、鏡を舞台にした自分とのたたかい……だから、女にとって美容は、生きることと同じイミをもつのである。美容とは、まさに生きるためのもの!

この本に登場したたくさんの女たち。それは、ハッキリと二分されることに、あなたはもう気づいているだろう。

ひとつは、昨日よりも醜くなる女。もうひとつは、昨日よりキレイになる女。たったこの二つだけ。そして、幸せは、あまりにも見事に片方のタイプだけに微笑んでいる。つまり幸せになるなんて、ウソみたいに簡単なのである。

だって、昨日の自分に勝つだけなのだから。

あとがき

私が『ヴァンサンカン』という雑誌で、いわゆる〝美容ページ〟の担当になった頃、読者の美容熱は今の半分もなかったと思う。それでもまざまざと感じた女性たちの「キレイになりたい」という熱意は、その後またたく間に大きくふくれあがり、九〇年代には完全に〝化粧品バブル〟の時代へ入っていった。日本は、おそらく世界一のコスメフリーク大国になりつつあったのだ。

その過程で、私自身の意識も大きく変わった。みんなが冷静な時は〝もっともっと！〟と女がキレイになりたい気持ちをあおったりしたが、実際みんなが脇目もふらずに美容に熱中しはじめると、今度は逆に、それを鎮静させなきゃという、変な使命感みたいなものが湧き出てきたりする。「みんなを正しい美容の道に導きたいのです」と言えば聞こえは良いが、一方に『美容ごときにうつつを抜かしていないで、もっと立派な女におなり』みたいな声をもれ聞くにつれ、その片棒をかついでばかりじゃ少しマズイんじゃないかと思い始めたのである。

もっとも私自身は今もこう思っている。女はキレイを勝ちとってこそ女。キレイになることに何の遠慮が要りましょう。じゃあ、だったら、日本の女は今どうすべきなのか？　ここ数年、じつはそのことが、頭を離れなかった。何かこう、違った形で、女性たちの「キレイになりたい」気持ちを叶えることはできないのかと……。

そんな混迷状態の私に絶好の舞台を与えてくださったのが、この本の発行元でもある講談社の雑誌『ＦＲａＵ』の連載「美容の天才」であった。化粧品を使わずにキレイになる方法、化粧品よりも効く美容法……さがせばあるもので、本当に久しぶりに興奮しながらその文章を書いた。そして一見化粧品さがしに血まなこになっているかに見えた女性たちも、心の中では〝何か違う……〟と思っていたのだということを知るのである。

そして、キレイになりたい気持ちは人一倍でも、素直にそれを目指せない人。本当は幸せになりたいだけなのに、その想いをなぜか化粧品に託してしまう人。つまり、上手にキレイになれない女性たちがたくさんいることにも気づいたのである。

もしも本書が、そういう女性たちも楽々キレイになれる〝読む美容法〟となればうれしい。私自身も書いてみるまで気づかなかったのだが、日常生活の中にもキレイになるコツは山ほど潜んでいる。同じものを反対側から見てみたり、なぜ今、自分は笑っているのだろうとか、泣いているのだろうとか、気持ちいいのだろうとかいうことを、少し客観的に見つめるだけで、キレイになる方法なんて、生活の中に一日十個も二十個も見つかる。この一冊がそれに気づく小さなきっかけにでもなれば、私は大満足なのである。

最近人によくこう聞かれる。〝化粧品のいらない美容法〟などを説いている一方で、化粧品の記事や化粧品の企画をやるのって辛くない？

でも私は、両方好き。両方知らないと女はキレイになれないもの……と答えたりしている。化粧品とこの一冊を、両方もってキレイになれた女性がもしも一人でもいたら、その女性に会って「やったネ」と喜び合うのが、今の私のいちばんの夢なのである。

最後に、本書の出版にあたり、たいへんなお力添えをいただいた生活文化第三出版部の丸木明博さん、さまざまな助言やヒントを与えてくださった同出版部の森田雅子さんに、心からお礼を申し上げたい。

一九九七年十月

文庫版　あとがき

私にとって、初めての単行本となった本書を書き下ろしてから、もう五年になる。

思えば当時は日本女性の美容熱がまさにピークになろうとしていた時期、「キレイになること」そのものよりも、化粧品の「あれがいい、これが新しい」という情報の方にずっと大きくスポットが当てられようとしていた。極論すれば、化粧品と情報をいっぱいもっていさえすれば、それだけでキレイになれると思い込む美容ブームが始まろうとしていたわけだ。

もちろんそうしたブームは今も続いている。それどころか、長い間タブー視されてきた美容整形までが、なぜか突然市民権を得てしまう。ある種、即物的にキレイになろうとする傾向は、むしろエスカレートする一方なのだ。

確かに、子供の頃からずっと〝自分の顔〟がキライで、他人に顔をまっすぐ向けたことがないような女性は、それこそ整形でもして人生ごと自分を変えてしまった方がいいと思う。また、何か満たされない心やすさんだ気持ちが、化粧品を買うことで、一時的にでも明るく前向きになることは実際あるし、そのために化粧品を山ほど買うことがあってもいいと思う。でも、それと同時に、人がキレイであるとはどういうことなのか、何をもって「美人」というのかも、せっかくだから一緒に考えて欲しいのだ。

ラ・ブリュイエールという十七世紀のモラリストの言葉に「醜い女はいない。ただどうすればかわいく見えるかを知らない女はいる」というのがある。これこそ真理と私は思う。

ほんのちょっと意識を変えれば、今よりはるかにキレイに見える女性が、この世に五万といると思う。一日の笑顔の数を、今より三回増やすことで、今よりずっと〝美しい人〟の印象を生み出してしまう女性は山ほどいるだろうし、何気ない言葉のひとつひとつを、あとちょっとていねいに言うだけでたちまち〝美人〟の評価を得てしまう人は、相当数いるはずなのだ。一生懸命に美容していても、いっこうにキレイになれない人がいるとしたら、それは姿形の問題でなく、意識の問題じゃないかと思う。なぜそのことに気づかないのだろう。

それはやっぱり〝人が美しい〟とはどういうことを指すのか、知らないまま美容に走り、鏡の前だけでキレイを作ろうとするからなのではないだろうか？　キレイになることなんて、じつはもっともっと、もっと簡単なのに。

この一冊を書いた時も、それを強く訴えたかった。でも今は、その二倍も三倍も強く、それを訴えたい気持ちでいる。そして単行本のオビに書いた「キレイなのに、キレイになれない女たち」が、逆にもっと増えているかもしれない今、キレイになれないと思い込んでいる人たちの心の扉を早く開きたいと、一層強く思っている。

見方を変える……それが大事。「美人」を違う角度から見てみること、……それが大事。すると自分の中から、美しさが湧き出てくる。本書をそのきっかけとなる一冊として、もっともっと利用してほしいと心から願っている。

最後になったが、単行本の出版から、さまざまなご指導をいただき、初めての文庫出版に導いてくださった、生活文化第三出版部の丸木明博さん、同出版部の森田雅子さんに、心からお礼を申し上げたい。

二〇〇二年二月　　　　齋藤　薫

本作品は一九九七年十一月、小社より刊行された『「美人」へのレッスン』を文庫収録にあたり加筆、改筆したものです。

齋藤 薫―東京都に生まれる。女性雑誌編集部に勤務し美容ページを担当、新機軸を打ち出す。退社後、美容ジャーナリストとして、女性誌においてエッセイを多数連載。美容記事の企画、化粧品の開発、アドバイザー、美容学の講師など幅広く活躍中。著書には『女のひとを楽にする本』(主婦の友社)、『綺麗の雑学』『美容の天才365日』『ちょっと過激な幸福論』(以上、講談社)などがある。

講談社+α文庫「美人《びじん》」へのレッスン

齋藤《さいとう》 薫《かおる》

2002年 3 月20日第 1 刷発行
2008年 2 月20日第14刷発行

発行者――――野間佐和子
発行所――――株式会社 講談社
東京都文京区音羽2-12-21 〒112-8001
電話 出版部(03)5395-3530
販売部(03)5395-5817
業務部(03)5395-3615

デザイン――――鈴木成一デザイン室
カバー印刷――――凸版印刷株式会社
印刷――――共同印刷株式会社
製本――――株式会社千曲堂

落丁本・乱丁本は購入書店名を明記のうえ、小社業務部あてにお送りください。
送料は小社負担にてお取り替えします。
なお、この本の内容についてのお問い合わせは
生活文化第三出版部あてにお願いいたします。
Printed in Japan ISBN4-06-256593-5
定価はカバーに表示してあります。

講談社+α文庫 Ⓐ生き方

ワイルドサイドを歩け
ロバート・ハリス
若者に圧倒的支持を受ける著者の「人生観」。生き方の道標を追い求める人の心を動かす！
680円 A 42-2

こころの対話 25のルール
伊藤 守
自分が好きになる。人に会いたくなる。コミュニケーションのちょっとしたコツを知る本
600円 A 44-1

スヌーピーたちの心の相談室❶ 楽天家になる法
チャールズ・M・シュルツ 谷川俊太郎 訳
マンガでカウンセリング！ 悩んだとき、迷ったときの最高の話し相手。心が楽になる本
648円 A 45-6

スヌーピーたちの心の相談室❷ 「いい子」をやめる法
チャールズ・M・シュルツ 谷川俊太郎 訳
他人の目より自分の心！ なりふりかまわず何かをすると、全身にエネルギーが満ちる！
648円 A 45-7

スヌーピーたちの心の相談室❸ 個性的になる法
チャールズ・M・シュルツ 谷川俊太郎 訳
無意味も無駄も大事！ たとえ人とずれてしまっても、個性が人生をグンと豊かにする！
648円 A 45-8

＊恋愛科学でゲット！「恋愛戦」必勝マニュアル
藤田徳人
男性の心と体を恋愛科学で分析すれば「恋」も「愛」も思うがまま。恋の勝者になる方法
540円 A 48-1

＊恋愛科学でゲット！「恋愛戦」速効テクニック
藤田徳人
すぐに使えるテクニック満載、パワーアップした決定版！ これで「彼」はあなたのもの
540円 A 48-2

想いがすべてかなう「恋愛科学」
藤田徳人
占いや人生相談より効く「恋愛科学」のルールとテクニック！ いい恋をして女を磨く!!
540円 A 48-3

＊恋愛科学が教える「恋の形勢逆転」講座
藤田徳人
どうしても諦められない恋をかなえたいあなたへ。思い通りに恋を手にする科学的法則！
533円 A 48-4

＊恋愛科学が教える「恋の敗者復活」講座
藤田徳人
諦めるのはまだ早い！ どんな美女にも勝てる「確率50％の女」になる科学的テクニック
533円 A 48-5

＊印は書き下ろし・オリジナル作品

表示価格はすべて本体価格(税別)です。本体価格は変更することがあります